新中国法制建设与法治推动丛书（第一辑）

国家出版基金项目
NATIONAL PUBLICATION FOUNDATION

方志权 著

农村集体产权制度创新与法治建设

上海人民出版社

目　录

导　言

　　党中央高度重视农业农村法治建设,在农业农村改革发展的各个历史时期都作出明确部署和战略安排,在立法、执法、普法、守法各环节加强领导,推动农业农村法治建设不断迈上新台阶。尤其是党的十八大以来,我国社会主义法治建设发生了历史性变革,取得了历史性成就。农业农村法治建设是社会主义法治建设的重要组成,是推进乡村治理体系和治理能力现代化的必然要求。以农业法为核心的农业农村法律体系逐步构建。截至 2019 年 7 月,农业领域共有法律 15 部、行政法规 29 部、部门规章 148 部,涵盖农业基本法、农村基本经营制度、农业生产资料管理、农业资源环境保护、农业支持保护、农产品质量安全等主要内容的农业农村法律法规体系基本建立,农业农村治理总体上实现了有法可依。这些法律法规将中央强农惠农富农政策举措和改革成果法定化,稳定和完善了农村基本经营制度,巩固了农业基础地位,在促进现代农业发展、维护农村和谐稳定、保护农民合法权益等方面发挥了重要作用。

　　党的十八届三中全会明确提出要赋予农民更多财产权利,保障农村集体经济组织成员权利,积极发展农民股份合作,赋予农民对集体资产股份占有、收益、有偿退出及抵押、担保、继承权。2015 年起,每年的中央一号文件都对推进农村集体经济组织产权制度改革(以下简称“农村集体产权制度改革”)明确了方向和重点,要求探索农村集体所有制有效实现形式,创新农村集体经济运行机制,发展壮大新型集体经济,加快农村集体经济组织立法进程。

　　在深化改革的大背景下,如何创新农村集体经济有效实现形式,建立符合社会主义市场经济要求的农村集体经济组织产权制度,直接关系到广大农民的切身利益,关系农村基本经济经营制度的发展方向和农村社会治理体系的现代化,也关系到国家的战略全局。

从历史发展沿革来看,中国农村集体经济起源于20世纪50年代农业合作化运动,其实质是对完成土地改革后建立的农民土地私有制的社会主义改造,最终建立了以农村土地集体所有为根本制度安排的农村集体经济。其后,虽经历了人民公社的普遍建立到解体的过程,以及随着农村土地承包制度的改革完善,但农村土地集体所有始终是中国特色社会主义的一种根本制度安排,同时人民公社时期确立的"三级所有、队为基础",尤其是以土地为核心的资源性资产所有权归属格局得以沿袭。

随着中国特色社会主义市场经济改革的不断深化,当前农村集体经济发展面临着一些制度性体制性障碍。一是法人地位有待细化。《宪法》《农业法》《土地管理法》《农村土地承包法》《物权法》等诸多法律都提到了"农村集体经济组织",但农村集体经济组织的法人地位并不明确。《民法总则》虽将农村集体经济组织界定为"特别法人",但需要进一步细化深化。二是所有者主体缺位。从全国层面看,不少地方不存在作为农村集体资产所有者的村级集体经济组织,由村委会代行职能,村级集体经济组织似有实无,所有者"人格化"主体事实上缺失。集体经济组织成员大多是集体资产名义上的共同所有者,处于"人人有份、人人无份"的状态,并没有体现和实现其所有者身份。三是成员身份界定不清。这会直接影响到农民土地承包经营权、农村宅基地使用权、集体收益分配权的落实和保障,不仅制约人口自由迁徙和劳动力自由流动,也使农村集体经济组织的权属关系模糊不清,对农村改革发展稳定造成不利影响。四是集体资产权能不完整。集体经济组织所有的土地资源只有使用价值没有交换价值,不能成为价值量化的资本,无法充分发挥市场对土地资源的优化配置功能。集体经营性建设用地和农村宅基地使用权、农民集体收益分配权的市场化流动尚未真正破题。

近几年来,随着城市化进程的不断加快和农村改革的不断深化,农村集体经济发展呈现出的新趋势是从强调内涵转向拓展外延,从关注所有权转向重视经营权,从谨慎试水转向大胆创新,从引领农民组织起来转向促进农民富裕起来。因此,加强对农村集体经济若干重大问题的研究显得尤其重要和迫切。

本书所述的农村集体经济,是在土地集体所有基础上由计划经济时期原人民公社(现在的乡、镇)、生产大队(现在的村)、生产队(现在的村民小组)建制经过改革、改造、改组形成的包括乡镇、村级和组级三级社区性农村集体所有制经济。农村集体经济组织产权制度改革偏重于土地以外的非资源性资产。笔者将研究农村集体经济放在加快推进乡村振兴的大背景下,立足中国特色社会主义制度总体框架,从理论、实践和法律三个层面,主要以上海、苏浙等地区为例,围绕农村集体经济组织的性质特征和发展现状、农村集体经济组织成员资格界定、农村集体经济组织法律规范和立法等方面的重大问题进行探讨,并提供了部分省市农村集体产权制度改革典型案例,旨在供理论研究者和实务工作者借鉴和参考。

第 一 章
深化农村集体产权制度改革的重大意义

农村集体资产是农村集体经济组织成员的共同财富。农村集体经济的形成，起始于 20 世纪 50 年代中期高级农业生产合作社的建立。1956 年 6 月 30 日一届全国人大三次会议通过并颁布的《高级农业生产合作社示范章程》规定，社员私有的主要生产资料转为合作社集体所有。1959 年 4 月，中央制定了《关于人民公社的十八个问题》，最早明确了人民公社实行"三级管理、三级预算"的体制，以生产队作为基本核算单位。1961 年 6 月 15 日，中央颁布了《农村人民公社工作条例（修正草案）》（即"六十条"），明确了人民公社"三级所有、队为基础"的集体所有制性质。当前，尽管就农村集体经济组织的形态而言，村民小组、村民委员会、乡镇人民政府已经替代了原有的生产队、生产大队、人民公社，但是，集体经济核算体制并没有发生根本性的变化。

苗新建、孟全省（2012 年）指出，中国农村集体经济组织在历史演进中，经历了合作社、人民公社、经济合作社三个主要时期，其产权制度也经历了从按份共有到共同共有的演变。随着社会经济的发展，传统农村集体经济组织共同共有的产权制度弊端凸显，由于归属不清晰、权责不明确、保护不严格，农村集体资产管理体制不畅、管理机制不活、管理不善，农民利益受到侵害。如何加强农村集体资产监管已成为社会关注的热点，推进农村集体经济组织产权制度改革成为农村改革发展中一个具有方向性的重大课题。

全国各地的实践表明,农村集体经济组织形态的阶段性演化是适应国家经济发展战略性调整的结果,是对国家不同时期面临的生产力与生产关系矛盾的反映。郭光磊(2012 年)指出,以"资产变股权、社员当股东"为主要特征的农村产权制度改革发端于 20 世纪 90 年代初,改革的根本动因在于工业化和城镇化进程的不断加快。首先,随着大量土地等资源性资产转变为货币形态资产,农村集体资产规模明显增加,由于土地利用结构的变化,需要界定新增财富的产权归属关系。其次,原有农村集体经济组织的产权关系变动日益频繁,产权归属问题日益突出,由于人口结构的变化,需要厘清组织内部成员之间的产权关系。此外,随着城乡发展一体化步伐的加快,大量农民离开农村进城务工、经商,但由于集体资产产权不明晰,进城农民普遍担心原属于他们的土地承包经营权、宅基地使用权和集体资产收益分配权受到损害,农民"带着资产权益进城"(韩俊等,2008 年)的愿望十分强烈。由于社会结构的变化,需要厘清农民和集体之间的产权关系。农业部农村经济体制与经营管理司课题组(2014 年)研究提出,近年来,随着城镇化、工业化、市场化的快速发展,城乡生产要素的交易重组日益频繁,改革农村集体经济组织产权制度、实现城乡要素平等交换的要求日益迫切。

按照产权理论,界定模糊的产权必定损害经济效率。明晰的产权包括三个基本要素:一是每份财产分配给明确的所有者,并且所有权具有排他性;二是财产所有者获得资产增值和剩余收益;三是所有者拥有控制和决定现有资产使用的权利、调整资产结构的权利以及销售和出租财产的权利(Demsetz,1967 年)。这三个条件中的任何一个不满足,产权就被认为是模糊的。陈标金(2011 年)考察了广东农村产权制度改革后认为,当前农村集体资产产权问题的关键是所有权界定不清晰。"集体所有"概念模糊,集体成员资格认定模糊,集体成员对集体资产的权利是否均等模糊,不仅弱化了集体资产所有权的排他性,还造成集体资产所有权归属在实际操作中不具有唯一性;同时,集体经济组织的收入分配关系也难以界定清楚,即剩余索取权模糊。当一个制度不再均衡的时候,就会发生制度变迁。由于村民对自身利益的追求和对现有集体资产管理体制的不满,原有的制度均衡已经被打破,农村集体经济组织产权制度改革势在必行。

中国农村集体经济组织产权制度改革始于 20 世纪 90 年代的经济发达地区,进入 21 世纪后,随着工业化和城镇化进程的加快,各地加大了推进农村集体经济组织产权制度改革的力度,明确集体资产的产权归属,改变集体资产名义上"人人有份"、实际上"人人无份"的状态,真正做到"资产变股权、农民当股东",农民开始享有稳定的分红收益。

张红宇(2015 年)分析指出,聚焦到农业和农村经济,迫切需要调整的生产关系就是农村集体产权制度,这也是改革难度最大、最能体现深水区和硬骨头的内容。原因有四:一是前无古人。在新中国成立以前,既没有农村土地集体所有制,也没有统分结合的双层经营体制。农村集体资产的形成积累,以及维护与此相关的制度改革,是我们在实践中不断探索、创造出来的,没有现成历史道路可循。二是旁无借鉴。农村集体产权制度改革涉及的问题,在西方农村制度规范中完全不曾存在,也不同于马克思恩格斯经典理论,包括苏联搞过的集体农庄,它是对我国农村经济发展组织形式和运营机制的丰富和创新,没有国外先进经验可鉴。三是情况复杂。我国区域经济社会发展不平衡,差别大。2014 年农经统计显示,全国农村集体账面资产村均 447.3 万元,但东中西部地区差距特别大,东部地区资产总额超过全国的四分之三。部分富裕村资产数以亿元计,改革需求迫切;而大多数村除了土地一无所有,改革动力不足也是客观事实。四是影响广泛。对比创新新型农业经营主体,构建农业支持保护政策框架,这类改革主要是做大蛋糕的问题,一人获利同时其他人不受损,呈现帕累托最优模式。但改革农村集体产权制度,不仅是做大蛋糕的问题,更大程度上是在分蛋糕,一部分人得利,处理不好另一部分人不得利甚至受损是大概率事件,这方面改革面临非帕累托最优模式形态,由此意味着利益矛盾更加聚集。张晓山(2015 年)对有关农村集体产权制度改革的几个理论问题进行了梳理,提出应及时对中国农村集体所有制从理论、法律和政策层面进行探索。国务院发展研究中心农村部(2015 年)也提出,对农村集体所有制下的产权必须通过深化改革进行重构。陈锡文(2017 年)指出,农村集体产权制度改革的目的是要把集体资产查清楚,把收益分配权落实到每个成员头上,绝不是把集体的资产分割到每个成员头上。韩俊(2017年)分析认为,农村集体经营性资产的股份合作制改革,不同于工商企业的股份制改造,只能在农村集体经济组织内部进行,是一个内改制,其核心是保护好农民集体经济组织成员权利,重点是明晰农村集体产权归属,赋予农民更多财产权利。

在实践层面,上海是我国农村集体产权制度改革的先行地区,近几年来,通过规范改革程序,创新登记形式,健全工作机制,各项改革走在前列。至 2019 年 3 月,全市 98% 以上的村完成了村级改制,60% 左右的镇完成了镇级改制。上海市农村集体产权制度改革进入了法治化新阶段。北京市不断深化改革,农民获得感明显增强,全市 1356 个村集体经济组织实现股份分红,占 34.8%,分配总额 48.7 亿元,131 万名股东实现人均分红 3712.3 元。浙江省在推进农村集体产权制度改革的同时,拓展发展集体经济的有效路子,鼓励改制地区采用项目股份制方式筹措项目建设资金,走出社区寻找开发项目(程渭山,2016 年)。江苏省苏州市对所量化到人的股权份额进行"固化到户、户内共享"的静态管理,做到以户为单位、股权份额"生不增、死不减、迁入不增加、迁出不减少"。截至 2017 年,苏州已有 95% 的社区合作社完成"股权固化"的工作(陈建荣,2017 年)。

■ 第一节 农村集体产权制度改革的基本情况

为了稳步推进农村集体产权制度改革,我国从 2017 年起在全国范围内部署开展农村集体资产清产核资。我国农村集体资产总量规模庞大,根据调查数据显示,全国农村集体账面资产总额 3.44 万亿元,集体所有的土地资源 66.9 亿亩。2018 年,开展集体产权制度改革试点的县(市、区)已经有 1000 多个,超过全国县级单位总数的三分之一。2019 年,改革试点进一步扩面,新增 10 个省份,30 个地市和 200 个县(市、区)整建制开展试点。再加上一些地方自行开展的试点,2019 年试点县(市、区)能够达到全国县数的 80% 左右。2018 年,全国农村集体经济组织年收入达到 4627 亿元,年经营收益超过 5 万元的村接近 30%。其中,完成集体经营性资产股份合作制改革的村有 15 万个,超过全国总数的四分之一,确认成员有 3 亿多人,农民群众在改革中有了更多实实在在的获得感、幸福感。

从总体看,各省、自治区、直辖市强化组织领导,健全工作机制,大力推进农村集体产权制度改革,取得了积极成效。一是坚持高位推动、强化保障。组建省级领导牵头的高规格领导机构,选派优秀干部到试点单位挂职,配齐配强改革人员队伍,列支财政专项资金,强化试点工作经费保障,加强督导考核,严格落实地方改革责任。二是坚持试点先行、稳步推开。在抓好中央确定的改革试点基础上,多数省份自行组织开展了省级改革试点,有序扩大试点范围,打造示范典型,同时主动加压,积极拓展试点内容,开展一些前瞻性、创新性的探索。三是坚持农民主体、程序规范。各地在改革中充分尊重农民的主体地位,遵循清产核资、成员确认、股权量化、成立组织、资产运营的工作流程,严格执行民主程序,依法依规有序推进,确保了农民群众的知情权、决策权。四是坚持大胆探索、不断创新。各地在完善集体资产股份权能办法、健全集体经济组织运行机制、发展壮大集体经济、健全集体资产管理相关制度等方面进行了许多积极有益的探索,为深化改革闯出了路子。2018年部分省(市)农村集体经济组织产权制度改革情况如表1-1所示。

表1-1 2018年部分省(市)农村集体经济组织产权制度改革情况

地区	起始时间 (年份)	占总村数 (%)	户均分红 (元)	主要法规规章和政策文件[a]
北京	1993	98	约3700	《北京市农村集体资产管理条例》(1998年11月)
广东	1991	60	约1000	《广东省农村集体经济组织管理规定》(2006年7月)
江苏	1998	60	约1000	《江苏省农村集体资产管理条例》(2018年11月)
浙江	1993	99	约1000	《浙江省村经济合作社组织条例》(2007年11月)
上海	1992	98	约1000	《上海市农村集体资产监督管理条例》(2018年4月)

注:a北京、广东、上海、江苏和浙江5省(市)为推进农村集体经济组织产权制度改革出台了不少地方性的政策法规,表1-1列举的是有典型代表性的法规和政策文件。

中国农村集体经济组织产权制度改革,按改制层面来分类,可分为村级改制和乡镇级改制,以村级改制为主;按改制时间来分类,可分为撤销行政村后改制和不撤销行政村建制直接改制,以撤村后改制为主;按资产构成来分类,可分为存量折股型改制和增量配股型改制,以存量折股型改制为主。从各地的实践看,改制的主要做法是将农村集体经济组织的经营性实物资产和货币资产,经过清产核资和评估以后,按照劳动年限折成股份量化给本集体经济组织成员,同时提取一定比例的公益金和公积金(集体股),主要用于村委会或社区公共管理和村民公共福利事业支出,并实行按劳分配与按股分红相结合的分配制度。

中国推进农村集体经济组织产权制度改革的核心内容主要有三项:

一是对农村集体经济组织进行清产核资和资产评估。这是推进农村集体经济组织产权制度改革的基础性、前置性举措。在区、乡镇、村不同层级设立工作小组,负责指导、协调和实施农村集体经济组织的清产核资工作,妥善处理账物不符、坏账核销等遗留问题,并明确清产核资、资产评估以及资产评估报告的确认等相关程序和具体规则,为推进农村集体经济组织产权制度改革奠定基础。

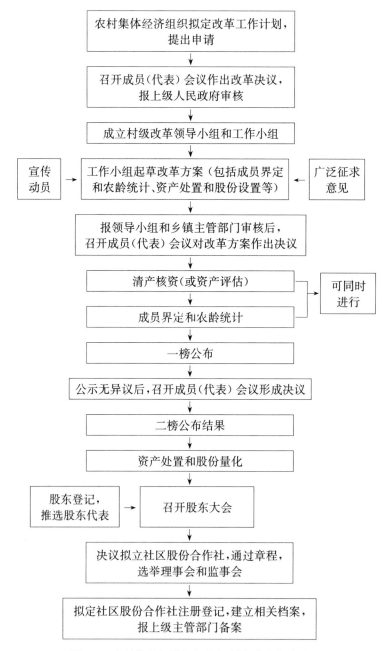

图1-1　农村集体经济组织产权制度改革操作流程

二是认定农村集体经济组织成员，开展"农龄"统计。[1]为确保农村集体经济组织产权制度改革"起点"公平，得到广大群众的认可与拥护，必须明确集体经济组织成员的范围。

三是农村集体资产股份量化到人，明晰产权。对集体资产因地制宜地采取全部资产折股量化、部分资产折股量化或者土地承包经营权折股量化等形式量化到人。对于插队落户、返城知青等人员，原则上以股权的形式兑付量化资产。农户量化后的资产股份，根据情况采取全额入股、按成员资格全额或部分入股、按"农龄"分档入股、存量资产与增量资产合并入股等不同形式，入股改制后的农村集体经济组织。这样，农村集体经济组织中的成员真正成了股东。

第二节　农村集体产权制度改革的主要特征与目标

一、主要特征

多年来的实践证明，最适合中国农村集体经济组织产权制度改革的模式还是股份合作制。[2]现阶段中国农村集体经济组织产权制度改革以村为对象，在制度安排上采取有限责任公司、社区股份合作社和经济合作社等多种形式。

从内容和做法上看，农村集体经济组织产权制度改革主要通过调整早期股份合作制的某些制度安排，进一步明晰和界定集体产权。一是资产量化范围扩大，由原来只是对集体经营性资产净值按一定标准

---

[1]　"农龄"是指农民为集体经济组织工作的时间。"农龄"是由"工龄"衍生而来，其长短反映了农民对社会和农村集体贡献的大小和知识、经验、技术熟练程度的高低。

[2]　股份合作制以合作制为基础，吸收了股份制的一些做法，使劳动合作和资本合作有机结合，是中国合作经济发展的新方向，也是社会主义市场经济中集体经济的一种新的制度安排形式。股份合作制在收益分配上具有灵活性，采取按股分红与按劳分红相结合的形式。一般情况下，股份不转让、不上市、不交易、不流通。

折股量化扩展到将土地股份合作与其他资产股份一起折股量化。二是股权设置上以个人股为主导,集体股弱化,现金募集股根据需要设置。三是实行固化股权配置,稳定分配关系。目前多数地方采取了固化股权的办法,即福利配股实行"生不增,死不减;迁入不增,迁出不减",允许个人股、募集股通过一定程序在集体经济组织内部转让、继承和赠与他人,但不得抽回。

从制度特征看,农村集体经济组织产权制度改革以股份合作制为主,其制度设计仍然兼有合作制和股份制的特点。在股权设置上,以集体经济组织成员个人股为主导,体现了劳动者联合的根本属性。在股权界定上,兼顾各类集体经济组织成员的利益,且股东资格不向社会开放,体现了合作经济非资本联合的特征。

从组织功能看,改制后的新型农村集体经济组织在具有企业性质的同时,还负担着村委会或社区的公共服务与社会管理等公共管理职能。这些新型农村集体经济组织通过在分配前预先提取公积金、公益金的形式来保证村委会或社区的公共管理职能。

从改制推进的区域次序看,农村集体经济组织产权制度改革由大城市近郊地区、经济发达地区率先兴起,并有向大城市远郊农村、经济欠发达地区城郊扩展的趋势。在经济梯度发展规律的作用下,工业化和城镇化逐步由大城市周边农村向远郊农村、由经济发达地区向经济欠发达地区城乡接合部推进,为各地开展农村集体经济组织产权制度改革提供了外在条件。

二、主要目标

农村集体产权制度改革的主要目标分为三个方面:

一是构建归属清晰、权责明确、保护严格、流转顺畅的中国特色社会主义农村集体产权制度。产权是所有制的核心,要建立归属清晰、权责明确、保护严格、流转顺畅的现代产权制度。归属清晰就是明确农村集体资产的产权归谁所有,明确改革的组织层级、集体资产的范围、集体成员的身份;权责明确就是确定成员的权利和责任,既要明确成员对集体资产股份占有、收益、有偿退出及抵押、担保、继承权等经济权益,又要明确集体成员行使对资产的决策、监督等民主管理权利;保护严格就是依法保护农村集体经济组织及其成员的合法产权,使农民的合法权益不受侵害;流转顺畅就是促进农村集体资产有序进入流转交易市场,实现平等交换和资源优化配置。

二是建立符合市场经济要求、有利于管好用好集体资产、实现集体资产保值增值的农村集体经济运行新机制。良好机制是对事物本质和规律的把握,既可以提升资源组合的效率,也可以形成不良运行的约束力。农村集体产权制度改革要按照市场经济要求,创新农村集体经济运行机制,一方面管好用好集体资产,实现集体资产保值增值;另一方面要充分调动广大农民群众的积极性,加强对集体资产的民主管理和民主监督,确保集体资产安全完整。同时,新的农村集体运行机制也制约了内部人控制,从制度构建上杜绝了"村官巨贪、小官大贪",改革成效积极明显。

三是形成有效维护农村集体经济组织成员物质利益和民主权利、较为完善的农村集体经济治理结构。完善农村社会治理结构的关键是维护农村集体经济组织成员物质权益和民主权利。农村集体产权制度改革就是要在明确产权关系、确定成员身份的基础上,切实发挥集体成员的主体作用,既有利于物质利益的保护,又有利于民主权利的释放。

总结各地的实践经验,在推进农村集体经济组织产权制度改革过程中,必须守住"一个坚持、两个防止、三个做到、四个有利于"的底线,即:坚持集体资产所有权;防止在改革中少数人对集体经济的控制和占用,防止集体经济被社会资本吞噬;做到公平公正,做到公开透明,做到程序严密;有利于城乡要素资源均衡配置和平等交换,有利于激活农村资源要素和激发农村集体经济活力,有利于保护农民财产权利,有利于形成农业经济发展和农村社会稳定的内生动力。

在此基础上,遵循以下原则:一是依法依规。推进农村产权制度改革应遵循《物权法》《土地法》《土地承包法》《婚姻法》《继承法》等法律的相关规定,以及地方性法规和指导性意见的相关规定,同时要注意兼顾不同法律、政策之间的兼容性和关联性。在改革过程中,各改制单位始终坚持改革必须依法依规,有政策的按政策要求办,没有政策依据的,由村民集体经济组织成员代表大会讨论通过。二是因地制宜。面对千差万别、参差不齐的农村经济和社会发展情况,推进农村产权制度改革不能搞"一刀切",在实践中,各地应依据经济社会发展情况,因地制宜地选择切合自身实际的改革形式和路径。三是因事制宜。推进农村产权制度改革可按照"一村一策""一事一策"的办法,将权利交给村民自己,通过合法性、公开性、民主性相结合,做到"复杂问题民主化、民主问题程序化"。四是维护利益。在推进产权制度改革过程中,不仅要给群众看得见、摸得着的眼前实惠,更要考虑长远,注重从根本上为农民谋福利。围绕保护农村集体经济组织成员利益,一方面要更加注重体制和机制的创新,构建农民增收长效机制;另一方面要更加保护和激发农民群众的创新热情和创造能力,保持推动农村改革发展的强大活力。

■ 第三节 农村集体产权制度改革的基本成效

以股份合作制为主要形式的农村集体产权制度改革,对于明晰集体资产产权和农民集体资产收益分配权、规范集体资产管理、激发集体经济活力、完善农村经济体制,都起到了重要作用,是继农村家庭联产承包责任制后中国农村的又一重大改革。

一、制度成效

农村集体产权制度改革的制度成效体现为：一是明晰了每个村民在农村集体经济组织中的产权份额，集体资产由共同共有变为按份共有，产权制度发生了根本变化。二是建立了农村集体经济组织成员按股份（份额）分红的制度，保障了集体经济组织成员的集体资产收益权。三是改制村普遍建立了"三会四权"（股东会、董事会、监事会，法人财产权、出资者所有权、出资者监督权、法人代理权）制衡机制，农民群众成为集体经济组织的投资主体、决策主体和受益主体，成为集体经济组织名副其实的主人，农村集体经济组织的治理结构发生了根本变化。

二、经济成效

农村集体产权制度改革的经济成效体现为：一是农村集体经济总量增长。通过改制，一方面，农村集体经济组织建立起现代企业制度，形成了与市场经济相适应的运行机制，为新型农村集体经济组织发展创造了良好的体制环境；另一方面，农民在集体资产中的产权得以明晰，可以更好地行使当家做主的权利。二是农民收入显著增加。通过改制，集体资产产权得以明晰，农民开始享有分红收益，财产性收入稳定增加，初步建立起农民增收的长效机制。以上海市为例，2018年，全市1677家村级改制集体经济组织中，有四分之一进行了收益分红；年分红总额17.5亿元；人均分红1010元。全国农村改革试验区——上海市闵行区城乡居民可支配收入比由2010年的1.53∶1缩小到2018年的1.38∶1，财产性收入在农民可支配收入中的占比约为20%。近几年来，通过农村集体经济组织产权制度改革，上海农民人均可支配收入中，财产性收入逐年增长（见表1-2）。[①]

---

① 2015年起，上海对相关统计作了调整完善，财产性收入的口径发生显著变化，故不再列表。

表 1-2　上海市农村居民家庭人均可支配收入情况（2001—2014 年）

年份	人均可支配收入（元）	工资性收入（元）	经营纯收入（元）	财产性收入（元）	转移性收入（元）	占人均可支配收入的比重（%）			
						工资性收入	经营纯收入	财产性收入	转移性收入
2001	5850	4491	967	157	235	76.8	16.5	2.7	4.0
2002	6212	4920	774	205	313	79.2	12.5	3.3	5.0
2003	6658	5284	813	222	339	79.4	12.2	3.3	5.1
2004	7337	5757	886	297	397	78.5	12.1	4.1	5.3
2005	8342	6364	811	430	737	76.3	9.7	5.2	8.8
2006	9213	6892	766	556	999	74.8	8.4	6.0	10.8
2007	10222	7498	754	673	1297	73.3	7.4	6.6	12.7
2008	11385	8182	711	837	1655	71.9	6.3	7.4	14.4
2009	12324	8721	590	932	2081	70.8	4.8	7.6	16.8
2010	13746	9606	589	970	2581	69.9	4.3	7.1	18.7
2011	15644	10493	877	1243	3031	67.1	5.6	7.9	19.4
2012	17401	11496	905	1382	3618	66.1	5.2	7.9	20.8
2013	19208	12378	920	1587	4323	66.4	4.8	8.3	22.5
2014	21192	13430	1035	1757	4970	63.4	4.9	8.3	23.4

三．社会成效

通过"还权于民"式的农村集体产权制度改革，建立新型农村集体经济治理机制，农民可按份共有集体资产、参与集体经济组织管理并分享集体资产收益，有效解决了长期存在的因土地征占、资产处置、财务管理和收益分配等问题引发的社会矛盾，维护了城镇化快速发展地区的社会稳定。改制后农村集体经济组织收益增加，农民分红逐年增长，农民入股积极性和满意度提高。

■ 第四节　农村集体产权制度改革的现实意义

一、紧迫性与必要性

深化农村集体产权制度改革，是解放和发展农村生产力的紧迫要求,是推动城乡一体化发展的重大举措,也是广大农民要求增进集体资产权益的殷切期盼。可以说,这项改革已经成为破解农村众多矛盾问题的"关节点",成为全面深化农村改革的"牛鼻子"。从各地的实践看,农村集体产权制度改革具有明显的紧迫性、必要性。

第一,农村集体产权制度改革是实现城乡要素平等交换的重要基础。健全城乡发展一体化体制机制,关键是推进城乡要素平等交换,使市场在资源配置中起决定性作用。农村集体各类要素平等参与市场交换,前提是产权清晰、权能完整。改革农村集体产权制度,进一步明晰集体产权归属,完善产权权能,是促进农村集体产权自由流动、优化组合,真正实现城乡要素平等交换的制度基础。

第二,农村集体产权制度改革是促进农民持续增加收入的重要前提。小康不小康,关键看老乡。小康问题的重点是农民收入问题。农民收入主要有四个来源:家庭经营收入、工资性收入、财产性收入、转移性收入。深化农村集体产权制度改革,可以使现代农业发展的资源聚集、集中,更容易形成专业化、集约化,有利于增加农民的家庭经营收入;可以明确产权归属,保护农民的土地权益和集体财产权益,让农民放心进城务工,有利于稳定农民的工资性收入;可以盘活农村集体资产,提高农村要素资源配置和利用效率,发展壮大集体经济,有利于增加农民的财产性收入;可以提高财政转移支付的针对性、精确性和实效性,形成对集体经济组织和新型农业经营主体的补贴制度,有利于增加农民的转移性收入。

第三,农村集体产权制度改革是完善农村基本经济制度的重要举措。公有制为主体、多种所有制经济共同发展是中国农村必须长期坚持的基本经济制度。劳动群众集体所有制经济是公有制经济的重要组成部分。实践证明,这种制度安排能够确保两个积极性得到最大程度释放:其一是集体的积极性,通过将各种农村生产要素组织起来,既能为成员提供服务,发挥调解作用,还可以防止两极分化;其二是个人的

17

积极性,通过赋予成员充分的经营自主权,调动每个人的智慧和力量,鼓励个人勤劳致富。改革农村集体产权制度,建立符合市场经济规律的农村集体资产运营治理机制,切实提高农村集体资产的管理水平和运营效率,是增强集体经济实力,发挥集体经济带动力和影响力的根本制度建设。

第四,农村集体产权制度改革是巩固党在农村执政基础的重要保障。维护好、实现好、发展好广大农民群众的物质利益和民主权利是党在农村全部工作的出发点和落脚点。改革农村集体产权制度,使农民真正成为集体资产的主人,对集体资产的运营进行民主管理、民主决策、民主选举和民主监督,是促进农村和谐稳定,切实巩固党在农村的执政基础的制度保障。

二、重要性

农村集体产权制度改革,是农村改革中具有四梁八柱性质的重要改革,关系构建实施乡村振兴战略的制度基础,对保障农民权益、完善乡村治理具有重大意义。2016 年 12 月,中共中央、国务院印发了《关于稳步推进农村集体产权制度改革的意见》,对农村集体产权制度改革作出了全面部署。2018 年 9 月 21 日,习近平总书记在中央政治局第八次集体学习时强调,要把好乡村振兴战略的政治方向,坚持农村土地集体所有制性质,发展新型集体经济,走共同富裕道路。这为我们深入推进农村集体产权制度改革进一步指明了方向、提供了遵循。放在乡村振兴的大背景下,推进农村集体产权制度改革更具重要性。

第一,推进农村集体产权制度改革,是实施乡村振兴战略的重要任务。习近平总书记强调,乡村振兴战略是关系全面建设社会主义现代化国家的全局性、历史性任务,是新时代"三农"工作总抓手。我们党提出和实施乡村振兴战略,最根本目的是让广大人民群众受益,尤其是要确保亿万农民充分享受乡村振兴的成果。农村土地等资产属于农民集体所有,是社会主义公有制经济在农村的重要体现,也是为广大农民谋利益的重要基础。千方百计促进农村集体资产保值增值,是确保农民群众分享乡村振兴成果的重要路径。中央决定推进农村集体产权制度改革,就是破除束缚集体经济发展的体制机制障碍,激活农村资源要素,进一步巩固和发展农村公有制经济,进一步激发亿万农民群众的积极性创造性,让最广大的农民群众成为集体经济发展的真正参与者和受益者,为乡村振兴提供坚定的政治保障。

第二,推进农村集体产权制度改革,是发展新型农村集体经济的内在要求。习近平总书记在福建工作时指出,社会主义制度的优越性在农村经济上的体现,应该是集体优越性与个人积极性的完美结合;集体与个人,即"统"与"分",只有使二者有机地结合起来,才能使生产力保持旺盛的发展势头,偏废任何一方,都会造成大损失。进入新时代,我们发展新型集体经济,就必须赋予双层经营体制新的内涵,探索形成既体现集体优越性又调动个人积极性的体制机制,使农民有更多的知情权、参与权、表达权、监督权,充分激发集体经济的内生源动力。这次改革的目标是,逐步构建归属清晰、权能完整、流转顺畅、保护严格的中国特色社会主义农村集体产权制度,保护和发展农民作为农村集体经济组织成员的合法权益。改革的主要内容是,全面开展农村集体资产清产核资、全面开展集体成员身份确认、加快推进股份合作制改革,以及赋予农民对集体资产股份权能等。落实好这些改革措施,目的就是探索集体经济新的实现形式和运行机制,使广大农民群众与集体经济的关联更具体、更明确,从过去的"人人有、人人没份"到现在的"人人有份、人人有",从而调动起广大农民群众关心集体经济发展的主动性和积极性,真正把新型集体经济发展起来。

第三,推进农村集体产权制度改革,是带领亿万农民走上共同富裕道路的基础保障。引领广大农民逐步实现共同富裕,是中国特色社会主义的本质要求,也是推进农村集体产权制度改革的重要目标。习近平总书记强调,改革的一个重要目的是明晰农村集体产权归属,赋予农民更多财产权利。2017年,在全国农民人均可支配收入中,财产性净收入占比只有2.3%,增长的空间和潜力巨大;全国农村集体账面资产总额3.44万亿元,集体所有的土地资源66.9亿亩。在社会主义市场经济体制下,要通过将集体资产以股份或者份额形式量化到本集体成员,建立健全产权明晰、运转高效的体制机制,为放活资源打下坚实的制度基础。通过推进农村集体产权制度改革,一方面,可以增加农民的财产性收入,使农民有更多的获得感;另一方面,可以赋予农民对集体资产更多权能,优化农村各类资源要素配置,使集体资产保值增值,集体经济实力不断壮大,带动亿万农民走上共同富裕道路。

第 二 章
农村集体经济的性质特征概述

■ **第一节 农村集体经济的形成**

一、社会主义改造时期：农村集体经济的形成阶段

1953年，中国农业社会主义改造正式拉开大幕，农村采取了由"临时"互助组到"常年"互助组，由"半社会主义"性质的初级合作社向"完全社会主义"性质的高级合作社推进的改造路径。初级社的经营方式采取了农民自愿联合形式，即农民在生产资料个人所有的基础上，按照自愿互利的原则开展劳动互助和生产合作。1954年，中国第一部《中华人民共和国宪法》（以下简称《宪法》）第七条明确指出："合作社经济是劳动群众集体所有制的社会主义经济，或者是劳动群众部分集体所有制的半社会主义经济。劳动群众部分集体所有制是组织个体农民、个体手工业者和其他个体劳动者走向劳动群众集体所有制的过渡形式。"以国家根本大法的形式，将"集体所有"作为与国家所有制、个体劳动者所有制、资本家所有制并列的一种所有制形态，肯定了其存在的重要意义。从1955年夏季开始，农业社会主义改造步伐加快，初级合作社大批转向高级合作社。在高级合作社中，社员私有的土地、耕畜、大型农具等主要生产资料转化为无差别的集体所有，取消了土地分红，实

行各尽所能,按劳取酬,成了"完全的集体所有制"。1956 年,社会主义改造完成后,中共中央通过的《高级农业合作社示范章程》规定:"农业生产合作社按照社会主义的原则,把社员私有的主要生产资料转为合作社集体所有",从而建立了农村集体经济。

二、社会主义建设前期:农村集体经济的固化阶段

1956 年,中央作出《关于在农村建立人民公社问题的决议》,号召将高级农业合作社合并转为人民公社,将人民公社最终建设成为集基层政权组织、社会组织、经济组织为一体,兼具基层行政管理、社会生产管理职能的复合体。人民公社成为农村集体经济的基本组织形式。在1975 年的《宪法》中,这种"人民公社"的组织原则被界定为"政社合一"的法律制度,1978 年的《宪法》延续了相同的法律规定。因此,在相当长的历史时期,这种以"人民公社"为管理主体,以"三级所有"为经营模式的集体经济,不仅承担着农业生产经营的重要任务,还承载着保障农村集体成员基本生存、发展权利的社会职能。中共十届八中全会通过的《农村人民公社工作条例》明确"人民公社的基本核算单位是生产队",人民公社时期确立的农村集体资产所有权归属一直延续至今。从以前的公社、大队、生产队到现在的乡镇、村、组,这一改变的意图是把生产经营与社会管理逐步分开,但财产权界定上相对独立的性质没有发生变化。

三、社会主义改革时期:农村集体经济的创新阶段

1983 年,中共中央《关于当前农村经济政策的若干问题的通知》提出,人民公社要实行"政社分设"。集体经济组织的经营主体,可以在群众自愿的基础上设置多种形式的管理组织。这种组织可以以村(大队或联队)为范围设置,也可以以生产队为单位设置;可同村民委员会分立,也可以一套班子两块牌子,但它们"均应承担生产服务职能、管理协

调职能和资产积累职能"。"以家庭承包经营为基础、统分结合的双层经营体制是农村改革最重要的制度性成果。"在家庭联产承包责任制蓬勃发展的同时,农村集体经济组织也在发挥着重要作用。过去由农村集体经济组织全部承担的生产、经营、管理及分配职能,逐步转化为村级集体经营与农户承包经营并存,村民委员会承担起农村社会事务管理的协调、指导和服务职能。管好集体资产、协调各方关系、增强服务功能成为新时期农村集体经济组织的重要工作。21世纪之后一系列相关中央文件的陆续出台,为农村集体经济发展提供了有效的政策支持。党的十八大以来中央对农村集体经济发展高度重视,农村集体产权制度改革进入了一个新阶段。

■ 第二节　农村集体经济的性质

黄延信(2015年)研究提出,从中国实践看,生产资料公有的传统集体经济组织与合作型集体经济组织有显著不同。

生产资料公有制集体经济的特征:一是生产资料由成员集体所有,任何成员不能单独行使所有权(占有、使用、收益、处置权),也不能在推出时分割集体所有的资产,集体所有的生产资料保持完整性,也使得集体所有制经济组织具有显著的社区性。二是通过"运动"形成的,农村集体所有制经济的前身是农民用自由生产资料入股建立的合作经济组织,后来经过人们公社化运动,将农民入股的私人财产无偿变为成员集体所有,不是建立在农民自愿基础上的,集体所有制并不天然就存在的,带有明显的政经合一特征。三是成员边界是模糊不清的。尽管不同的集体经济组织之间成员边界是清楚的,但在同一个组织内部,成员边界并不清楚,一个人只要父辈是组织成员,不需要具备其他条件,生来就具有集体组织的成员身份。四是生产集中经营,生产经营活动由集体统一计划安排,成员按照组织领导分派的任务参加生产劳动。五是经营决策少数干部说了算,成员参与度低,存在少数内部人控制问题。六是劳动成果在组织成员之间平均分配,不分男女老幼,不分付出劳动多少。

合作型集体经济组织的特征:一是产权清晰,生产资料分属不同的个人所有,即使入股参加合作后,资产仍是个人所有,只不过入股后实行集体经营;成员退出时可以带走或通过转让处理自己入股的资产。二是成员自愿参加,合作型集体经济是建立在成员自愿基础上的,合作组织的基本原则是成员入社自愿,退社自由,农民自愿组成的合作组织是单纯的经济组织。三是成员范围有边界,只有带资入股参加合作的人员才是组织成员,不入股不能成为组织的成员;而且一个人入股成为组织的成员,其家庭成员并不是组织的成员。四是经营活动实行民主决策、民主管理、民主监督;合作经济组织的领导人员由入股成员民主选举产生,生产经营等重大决策由成员民主决定,不论成员入股多少,选举时实行一人一票的决策方式。五是集体经营,更多地体现在流通、信用等方面的合作,农产生产则主要以家庭经营为主。六是合作经济的经营收益在成员之间按股份分配或按交易量返还给成员,有效克服了平均主义分配存在的弊端。

通过以上对比,集体经济包含劳动者通过联合与合作发展经济的多种组织形态,集体经济不等于集体所有制经济,集体所有制经济只是集体经济的一种组织形态,发展壮大集体经济应更多强调多种形式的集体经济,而不应一味追求生产资料集体所有。这应该是发展集体经济的本意。而且农村集体经济的组织形态是一个不断变化、逐步完善的过程。新中国成立以来,发展农村集体经济,我们实行过生产资料个人所有基础上的集体经营(互助组、合作社),实行过个人主要生产资料全部上交集体、"一大二公"的人民公社体制,也实行过"三级所有、队为基础"的组织形式,也实行过家庭经营与集体统一经营结合的双层经营,再到目前广大农村蓬勃兴起的、多种形式的合作经济、股份合作经济,实践对农村集体经济的探索和完善从来没有停止过。不同时期农村集体经济的实现形式各不相同,随着经济社会发展水平的不断提高,农村集体经济的实现形式也会不断调整完善。

今后相当长一个时期内,建立在产权清晰基础上的股份合作制经济将是中国发展集体经济的有效形式。①综合各方研究,笔者认为现阶段农村集体经济组织的性质有三个方面。

一、社会主义的经济组织

农村集体经济组织以社会主义的公有制为基础,其以土地为中心的主要生产资料是农民集体所有,并以宪法和法律直接予以确认。它是具有中国特色的社会主义在中国广大农村的经济基础和组织保证。它适应中国农村在社会主义初级阶段的必然发展规律,也就是说能够适应农村生产力的发展和维护最广大农民群众的根本利益。农村集体经济不同于苏联的集体农庄经济,是我们在实践中不断探索、创造出来的,它的存在有其合理性。

一是合作性(共有性),集体资产由组织成员共同所有,资产收益和劳动成果归成员共同分享,权利义务均等。

二是封闭性(区域性),集体经济组织是指在一定区域范围内,集体经济组织与成员不可分割,成员是封闭的圈子,权利义务"进"则"与生俱来","退"则"自然丧失",不对外开放。

三是排他性,尽管集体经济组织的层次不尽一样,小到村组,大到乡镇,但每个集体经济组织的资产、成员边界是清晰的,上下左右不能侵权。

四是多功能性,集体经济组织既承担了生产功能、生活功能,还承担了公共公益服务、社会管理等其他功能。

---

① 参见方志权主持的"农村集体资产管理的法律问题研究"课题(2010 年);方志权:《农村村级集体经济组织产权制度改革的地方实践与对策研究》,《科学发展》2011 年第 5 期。

二、民事法律主体的其他组织

农村集体经济组织依法律和政策规定而建立,有自己的名称、组织机构和场所,拥有独立的财产和自主进行生产经营的能力,并能在一定的财产范围内(土地所有权除外)独立承担民事责任,符合民事主体的资格条件,因此具有民事权利能力和民事行为能力。它与法人相似,但在设立程序和条件、终止条件、生产经营方式和目的、财产(主要是土地)处分、管理职能等方面却又不同于法人。故其作为民事主体,有别于自然人和法人,只能把它作为其他组织对待。

三、重合于农村基层社会组织

按照《村民委员会组织法》的规定,农村基层社会的自治组织虽然是村民委员会和其下设的村民小组,但在当前的农村基层组织中,大多是农村集体经济组织与村民小组或村民委员会是同一机构,即两枚印章一套机构。二者决策机制相似,实践中职能相互重叠,特别是对农村基层社会的管理与服务,二者无法截然分开,具有"政社合一性"。

事实上,关于中国农村集体所有制的性质,经济学者和法律学者从不同的角度进行了研究,有的法学专家在把这一所有制与历史上出现过的总有、合有(共同共有)、按份共有等这些团体所有制相比较后认为,不能以共有来解释土地的集体所有制。因为按份共有可以随时分割财产,共同共有可以在结束之后分割财产。如果将集体所有等同于一般的共有,无论是按份共有还是共同共有,都可能会导致集体财产完全私有化以及集体财产的不稳定性。就中国的集体所有制而言,作为一种团体所有,与法制史上日耳曼法中以团体共同生存为目的的"总有"最相近。[1]其相似之处如:团体享有所有权;个人需先成为团体成

---

① 于飞:《集体所有、共同共有、总有、合有的关系》,提交给国务院发展研究中心举办的农村集体经济组织产权制度改革研究座谈会的论文,2014 年 12 月 1 日,北京。

员,才能享有团体财产权益;团体成员众多且不固定;团体具有财产的管理和处分权,而个人具有使用和收益权;个人不得请求对团体财产进行分割,连潜在份额也没有;等等。实行总有制度的目的是在人口众多、资源不足、物资匮乏的背景下,保证有限的资源满足团体成员共同生存的需要。人类为了团体的共同生存而实行总有制度,是特定历史条件决定的。随着经济社会加快发展,作为农业基本生产资料的土地,实行总有的经济社会等客观环境发生了根本改变,按照生产力决定生产关系、社会存在决定社会意识的历史唯物主义原理,应适应建立完善社会主义市场经济体制的要求,应淡化传统的集体所有制,将其改造为归属更清晰的权利形态。

综上可见,农村集体经济组织既不同于一般的经济组织,又不同于社会团体,也不同于行政机关,自有其独特的政治性质和法律性质。正是由于这种特殊性,决定着农村集体经济组织的职能作用及其成员的资格权利等重要内容。《民法总则》已经明确,要赋予农村集体经济组织特别法人地位。农村集体经济可用"母鸡"理论进行阐述。[1]只有这样,集体经济发展才能逐步适应市场经济,并不断适应城乡发展一体化的需要。只有这样,才能做到"两个促进",即采取多种渠道发展壮大农村集体经济,通过哺育养健集体经济这只"母鸡"下更多的蛋,从而建立健全农民持续增收的长效机制。

■ 第三节　农村集体经济的法理分析

实践证明,中国农村集体产权制度改革的前提是必须坚持集体所有制,而不能解散集体经济,不能否定集体经济数十年的发展成

---

[1]　改革不是杀鸡取卵,而是养鸡下蛋。改革后,集体资产才能"人人有份",条件好的都能吃个荷包蛋,条件一般的来个西红柿炒鸡蛋,条件差的喝个蛋花汤。改革后即便手里暂时还捧个空碗,也知道母鸡早晚会下蛋。

果。①农村集体产权制度改革不同于工商企业的股份制改革,应体现成员的集体所有和特有的社区性。②

基于本书第一章第二节所述农村集体产权制度改革的主要特征,推进农村集体产权制度改革应处理好以下三组关系:

一是集体与个人的关系。农村集体所有是社会主义公有制经济的重要形式,以此为基础组建的农村集体经济组织,是以村、镇的地缘为基础的商事形态,具有明显的社区性。因此,既不能把集体经济改弱了、改小了、改垮了,也不能把农民的财产权利改虚了、改少了、改没了。换言之,在增加农民财产性收入的同时,要用好、管好、维护好给农民带来收益的集体资产,切忌一分而光,要形成既体现集体优越性又调动个人积极性的农村集体经济运行新机制。

二是强制与自治的关系。农村集体经济组织是特别法人,具有独立的法律主体资格,有权通过理事会等机构自主运作,应当被赋予充分的自治权。然而,农村集体经济组织中的农民文化水平相对较低,经营能力也相对较弱,其组织机构的搭建、章程的拟定、份额的流转、收益的分配等,无不需要政府的指导、协调和监督,甚至在相当长的时期内,还需要法律设定刚性规则,以保证集体资产不会流失。农业主管部门发现方案存在恶意逃废债务或者恶意分配资产等情形的,有权不予核准。

三是历史与未来的关系。农村集体资产的监管,首要任务是界定

① 农村集体经济是由农业合作化起步、集体化形成的一种所有制形态,集体所有制不是共有制,而是总有制。集体经济是集体成员利用共有资源和资产,通过合作与联合实现共同发展的一种经济形态。我国农村集体经济有明确的宪法地位,与其他经济成分比,有其基本特征。首先,农村集体经济既不同于马克思恩格斯经典理论中所提的集体经济,也不同于苏联的集体农庄经济。从我国农村实践看,由个人所有前提下的互助合作经营,到个人主要生产资料全部上交集体的“一大二公”体制,再到改革开放后实行的统分结合的双层经营,农村集体经济在不同时期有不同的实现形式,具有旺盛的生命力和很大的包容性。

② 中央文件明确,农村集体产权制度改革只能在农村集体经济组织内部进行。股份合作制以合作制为基础,吸收了股份制的一些做法,使劳动合作和资本合作有机结合,是中国合作经济发展的新方向,也是社会主义市场经济中集体经济的一种新的制度安排形式。股份合作制在收益分配上具有灵活性,采取按股分红与按劳分红相结合的形式。一般情况下,股份不转让、不上市、不交易、不流通。

资产的范围以及对该资产享有权益的主体范围。在设立农村集体经济组织的过程中,哪些资产要纳入经济组织,哪些人对资产增值作出过贡献,应当按什么原则来确定成员,已经去世的成员与现有成员分别享有什么权利,应当按什么方式来经营管理。凡此种种,既要尊重历史,又要照顾未来。

集体经济组织就像是一只放飞于农村上空的风筝,为了让风筝飞得更高更顺畅,在风筝的这一头,政府必须牢牢地拽着那根线。农村集体经济组织给农民的分红,就像大人给小孩的压岁钱,不能不给,又不能随其任性。收放之间,需要智慧管理,通过加强集体资产的监督,实现"两个防止",即在改革过程中,坚守农民利益的底线。在股权转让方面,规定转让范围、受让人持股上限,防止集体经济组织内部少数人侵占、非法处置集体资产。针对一些农民存在的希望撤镇撤村处置兑现现金、注重眼前利益求实惠的心态,坚守集体所有制的底线,杜绝农村集体产权制度改革推进过程中出现"一撤就分、一分就光"的现象。防止外部资本侵吞、非法控制集体资产,制定章程,明确规定现阶段集体资产股权转让(赠与)、退出、继承限定在本集体经济组织内部。同时做到"两个确保",即确保农村集体资产保值增值,积极引导农村集体经济组织发展不动产及物业、租赁管理项目。确保农村集体经济组织和成员基本利益,坚持效益决定分配原则,明确不得举债分配,明确建立农村集体资产收益以丰补歉机制。

推进农村集体产权制度改革可由制度化、规范化、市场化和法制化四个阶段组成,这恰好与建立"归属清晰、权能完整、流转顺畅、保护严格"的农村集体产权制度改革总体目标一一对应和相互吻合。推进产权制度改革制度化的目的是实现产权归属清晰,工作着力点是开展清产核资、进行成员界定、实行农龄统计、科学设置股份、做到阳光运作、建立"三会四权"。推进产权制度改革规范化的目的是实现权责明确,工作着力点是明确股权管理属于动态还是静态?要不要设置集体股?

29

现有的干部股如何退出？如何处理产权制度改革与原有的企业改制？怎样做到公正公平改革？推进产权制度改革市场化则是未来长远的目标,工作着力点是在社会主义市场经济体制下,让农村集体资产股权能够有序规范流转,真正实现生产要素的优化组合,体现农民所持集体资产股份的价值,发现其作为要素的市场潜在价值。推进产权制度改革法制化的目的是实现保护严格,工作的着力点是制定法律法规,明确集体经济组织的法律地位、法人地位、投资方式、管理形式,确保农村集体资产保值增值,切实加强对农村集体资产的监督管理。由于各个地区的基本情况不一,发展阶段也不相同,改革进程有快有慢,对应的工作重心也各有侧重。因此,应根据集体资产的不同类型和不同地区条件确定改革任务,坚持分类实施、稳慎开展、有序推进,坚持先行试点、先易后难,不搞"齐步走"、不搞"一刀切";坚持问题导向,确定改革的突破口和优先顺序,明确改革路径和方式,着力在关键环节和重点领域取得突破。

■ 第四节 农村集体经济组织的发展特点

张云华(2015年)在考察农村集体经济现状后提出,从农村集体经济现实情况来看,人民公社解体后,随着行政管理体制的变化和市场经济发展,乡、村、组级集体经济组织呈现以下特点:

一是乡镇集体经济组织大部分消亡。由于原有政社合一的体制,许多地方在撤社建乡的过程中,乡镇级集体经济组织纳入乡镇政府职能部门进行管理,大部分乡镇所有的集体资产变为乡镇政府所有;有的地方在乡镇合并或精简机构过程中,取消了乡镇集体经济组织机构,造成乡镇一级集体经济组织仅有资产账面数据,而无集体经济组织之实,不少地方乡镇集体经济组织已经名存实亡(上海市农村集体经济有别于其他省份,以镇级为主)。

二是村级集体经济组织有实无名。随着行政村这一级组织在农村社会管理和公共服务中发挥了越来越大的作用,各级财政逐年加大了对村级组织建设投入。目前最为健全的是村级组织,各地普遍建立了村民委员会和村级党组织,少数地方保有或成立了村级集体经济组织,发挥了农村集体资产的经营管理功能,但大部分由村委会代行职能。

三是一些地方保留了组级集体经济组织。在部分经济发达地区,原归属于生产队的土地、山林等资源性资产产权比较明晰,同时生产队一级保留了较多的经管性资产,组级集体经济组织仍然存在。

农村集体经济组织是农村集体资产的所有者,也是当然的生产经营管理者。笔者赞同张云华(2015年)的观点,从解决农村集体资产所有者缺位的角度来说,有必要重构农村三级集体经济组织,在这一制度安排中,集体经济组织成员应该是乡镇、村、组三级集体经济组织成员,在三级组织中都拥有自己的成员权益。具体操作上,应当结合当前正在进行的农村集体土地所有权确权工作,按照"遵从历史、尊重现实"的原则,全面开展农村集体资产清产核资,明确产权归属,界定集体经济组织成员,普遍建立农村集体经济组织,并由各自层级内所属成员共同建立民主管理机构。

乡镇集体经济组织:乡镇集体经济组织代表全乡镇集体成员管理乡镇级集体资产,即人民公社时期确定的一些不适于生产队或生产大队管理使用的生产资料,或在公社范围内统一建设的一些生产、生活、科教文卫设施,以及乡镇级集体企业积累形成的资产。对于乡镇级农村集体经济组织的管理,要建立乡镇监督管理委员会,按照政企分开的原则,厘清乡镇政府管理职能和集体经济组织运行职能;按照政资分离原则,严格界定财政资金和集体资金,实行财政资金和集体资金分账管理。

村级集体经济组织:从历史演变来看,人民公社时期的生产大队拥有的资产主要是部分不适合由生产队所有和使用的大中型农机具、大牲畜,在全大队范围内组织的生产、生活、文教等基础设施和兴办社队企业形成的资产。现在的村级集体经济组织,还有许多公共财政投入及集体组织成员共同劳动积累的资产。村集体经济组织或村委会是现实经济社会中最为活跃,也是最成熟的一级集体组织。从中央到地方,对村一级的集体组织机构建设、人事管理、财务资产管理、民主建设等方面建立了一整套的制度体系。当前,村级集体经济组织还很不健全,许多地方由村委会代行职能。因此,尚未组建村级集体经济组织的地方应加快组建,作为行政村范围内农民集体所有的代表者,行使集体资产经营管理职能,独立进行自主经济活动;尤其是那些已经取消组级集体账户的地方,更应当建立以村为基本核算单位的集体经济组织,统一明确权益归属范围、土地等资源性资产的所有者。

组级集体经济组织:人民公社体制确立以后,生产队就是基本核算单位,农村绝大部分生产资料的集体所有者也是生产队。目前,作为农村集体组织最大的资源性资产的土地基本是归组所有。虽然绝大部分地区土地资源因无法进行市场估值,许多村民小组没有独立的经费来源,没有自身的经营性资产,但从社会主义市场经济体制对产权明晰的根本要求,从深化农村改革的角度来考虑,有必要建立以土地资产为核心的组级集体经济组织,其目的重点在于保全组内成员的土地权益,即使其暂时很少开展其他经济活动。组级集体资产与成员界限清晰的,可以健全组织、单独管理,后者在征得全体成员同意的基础上,将组级资产委托村集体经济组织单独建账管理。不过在组级集体账户已经合并到村的,可取消组级集体经济组织。

第 三 章
农村集体经济组织成员资格的界定

计划经济时期采取了基于严格户籍制度的限制人口流动政策,农村集体社区处于高度的封闭状态,集体经济组织成员与村民也呈现高度的一致性。随着改革开放和城乡一体化发展的不断深入,全社会出现了史无前例的农村劳动力大流动和城乡人员结构大变迁,在新形势下建立健全农村集体经济组织,发展壮大集体经济,必然需要界定农村集体经济组织成员资格。[①]

■ 第一节 成员资格界定的必要性

一、界定集体经济组织成员资格,是明晰集体资产产权归属的需要

在国内宏观经济保持快速增长的大背景下,各地尤其是城镇化、工业化程度较高的地区农村集体资产总量迅速增长。据统计,大城市郊区和东部发达地区农村集体资产数量更加庞大,上海、广东、山东、浙江、北京、江苏等省市的村级集体资产额占全国村级集体资产总额的

[①] 农业部农村经济体制与经营管理司课题组:《对农村集体产权制度改革若干问题的思考》,《农业经济问题》2014 年第 4 期。

90%。随着农村集体资产规模不断增大,集体资产归谁所有、如何分配成为农民群众关注的焦点问题,但由于传统产权制度存在"人人所有、人人无份"的弊端,迫切需要在摸清集体资产存量、种类的基础上界定集体经济组织成员资格,明晰集体资产的产权归属及份额,让农民群众在集体经济发展中得到更多实惠。

二、界定集体经济组织成员资格,是适应农村社区人口结构变化的需要

随着城乡管理体制变革的加快,人口在城乡之间的流动增加,中国农村特别是城郊接合部和沿海发达地区农村社区人口结构出现了新的变化。在一些较富裕的农村地区,外来人口日益增多,与此同时,部分原住居民离开本村进城务工、经商,造成农村社区现有人口与传统集体经济组织人口高度不重合,在珠三角、长三角等经济发达地区甚至出现了农村原住居民与外来常住人口数量严重倒挂现象。根据《村民委员会组织法》第十三条的规定,户籍不在本村,在本村居住一年以上,本人申请参加选举,并且经村民会议或者村民代表会议同意参加选举的公民可以参加村民委员会的选举。第八条规定,村民委员会依照法律规定,管理本村属于村农民集体所有的土地和其他财产。在这一背景下,当村民委员会就集体资产的使用和收益分配等事项进行民主决策时,外来常住人员可能会基于其多数地位作出有利于自身利益的决定,进而侵犯原集体经济组织成员的经济利益。为适应农村社区人口结构的变化,迫切需要通过界定集体经济组织成员资格,保护集体经济组织成员财产权利。

三、界定集体经济组织成员资格,是维护农村社会和谐稳定的需要

近几年来,由于农村集体土地征占引发的上访案件越来越多,征地补偿费分配纠纷也不断上升。产生这些问题的最根本原因是集体资产产权界限不清、集体经济组织成员资格界定不明，这不仅导致集体成员占有、使用、分配集体资产关系混乱，而且也影响了农村社会和谐稳定。此外，由于目前法律法规没有对集体经济组织成员资格界定作出具体规定，致使当事人的集体经济组织成员权利在遭受侵害时，难以寻求法律救济。维护农村社会稳定，解决农村集体土地征用补偿分配纠纷，迫切需要界定集体经济组织成员资格，建立健全集体经济组织成员权利法律救济制度。

第二节　成员资格界定的主要内容

一、集体经济组织成员资格的取得

集体经济组织成员资格的取得方式主要有原始取得、法定取得和程序取得三种。

（一）原始取得

户籍在原农业生产合作社或生产大队且长期生产生活在本集体经济组织所在地的农村居民，以及其所生（婚生和非婚生、计划生育和非计划生育）子女自然取得本集体经济组织成员资格，这是传统体制下最主要的集体经济组织成员资格取得方式。在计划经济时代，由于国家实行城乡二元管理体制，农村社会对外开放程度较低，人口结构长期处于封闭状态，因此成员在集体经济组织内部是没有边界的，即祖辈是集体经济组织成员，其子孙也必然继承取得本集体经济组织成员资格。

（二）法定取得

因婚姻、收养关系，办理合法手续并入户本集体经济组织后，取得成员资格；或因国家需要，由政府安置而迁入本集体经济组织的在册农业人口移民及其子女，按相关政策取得成员资格。由于法定取得成员资格的对象通常与本集体经济组织并无生产生活历史关系,其成员资格直接来源于法律政策的赋权,所以集体经济组织成员资格法定取得的范围、条件、程序等应严格依照法律、法规和政策性规定执行。

(三)程序取得

对于原始取得和法定取得范畴之外的部分特殊情况和人员,经集体经济组织成员(代表)按照相关程序民主讨论同意后,也可承认其集体经济组织成员资格。

二、集体经济组织成员资格的终止

对于因以下四种情形,户籍被注销或者迁出本集体经济组织所在地常住户口的人,应当认定终止集体经济组织成员资格。

(一)死亡

这里的死亡包括自然死亡和宣告死亡。根据《民法总则》的规定,自然人的民事权利能力于死亡时终止,因此,从死亡时起,集体经济组织成员资格即行终止。

(二)集体经济组织终止

由于国家整体征收农村集体经济组织的集体土地或者整体移民搬迁等原因,原集体经济组织失去继续存在的条件而终止,其成员资格亦当然终止。

(三)取得其他集体经济组织成员资格

自取得其他集体经济组织成员资格时起,其原拥有的集体经济组织成员资格随即终止。此外,因出嫁、入赘、被收养而迁出本集体经济组织,且以迁入地为其基本生活保障,亦终止原集体经济组织成员资格。

(四)特殊体制下迁出从事非农职业

在城乡二元管理体制下,一些集体经济组织成员由于招工、招干、提干、大中专院校毕业生安排工作、随军、转业、农转非、知青回城、民办转公办等原因,迁出原集体经济组织所在地从事非农职业,并被纳入国家公务员序列或者城市居民社会保障体系。因城市居民社会保障与农村土地家庭承包具有相同的基本生活保障功能,在纳入国家公务员序列或者城市居民社会保障体系之后,其已脱离对农村土地的基本生活保障需求,应当认定其终止原集体经济组织成员资格。

■ 第三节　成员资格界定的地方实践

随着社会主义市场经济体制的建立和户籍制度改革的加快,产权模糊的弊端日益凸显,城乡人口的流动日益频繁,客观上要求对传统体制下集体经济组织成员边界作出限制,对集体经济组织成员资格进行界定。目前,由于国家尚未出台集体经济组织成员资格界定的具体法律,各地主要通过三种方式对集体经济组织成员资格进行认定。

一、出台地方性法规或政府规章

浙江省人大常委会 2007 年修订的《村经济合作社组织条例》规定,村经济合作社社员除户籍在本村且遵守村经济合作社章程的农村居民外,必须符合下列条件之一:(1)开始实行农村双层经营体制时是原生产大队成员;(2)父母双方或者一方为本村经济合作社社员;(3)与本社社员有合法婚姻关系落户的;(4)因社员依法收养落户的;(5)政策性移民落户的;(6)符合法律、法规、规章、章程和国家、省有关规定的其他人员。对于现役义务兵和初级士官、全日制大中专学校在校生、被判处徒刑的服刑人员等户籍迁出本村或被注销的人员,保留社员资格。上述规定以外的人员,如履行村经济合作社章程规定义务,经本社社员(代表)大会表决通过的,也可以成为本社社员或者保留本社社员资格。从总体看,浙江省集体经济组织成员资格界定坚持依法从宽,实行"宽接收、广覆盖、走程序"的办法。广东省人民政府 2006 年出台的《农村集体经济组织管理规定》对集体经济组织成员资格作出原则性规定：原人民公社、生产大队、生产队的成员，户口保留在农村集体经济组织所在地，履行法律法规和组织章程规定义务的，属于农村集体经济组织的成员；实行以家庭承包经营为基础、统分结合的双层经营体制时起，集体经济组织成员所生的子女，户口在集体经济组织所在地，并履行法律法规和组织章程规定义务的，属于农村集体经济组织的成员；实行以家庭承包经营为基础、统分结合的双层经营体制时起，户口迁入、迁出集体经济组织所在地的公民，按照组织章程规定，经社委会或者理事会审查和成员大会表决确定其成员资格；农村集体经济组织成员户口注销的，其成员资格随之取消。

二、制定规范性文件

上海市 1996 年公布的《撤制村、队集体资产处置暂行办法》规定，撤制村、队集体资产处置中可以享受分配的对象是，自农业合作化至批准撤制之日期间，户口在村（队）、劳动在册且参加劳动累计 3 年以上（含 3 年）的集体经济组织成员。2012 年上海市农委通过的《农村集体经济组织成员界定和农龄统计操作口径》进一步明确，农村集体经济组织成员资格界定原则上遵循"户口在村（队）"的总体要求，淡化劳动在册与劳动累计 3 年以上这两个条件。成员资格取得主要有原始取得和法定取得（婚姻取得、收养取得和移民取得）两种形式，具体表现为 11 种情形：（1）原农业生产合作社或农业生产队以及社级集体经济组织的社员，且户口保留在本集体经济组织所在地，属本集体经济组织成员；（2）义务兵，属本集体经济组织成员；（3）大中专院校就读期间的原农业户籍学生，属本集体经济组织成员；（4）因婚姻关系办理入户的农业户籍人员，出嫁、丧偶、离婚以后户口仍在本集体经济组织的，属本集体经济组织成员；（5）本集体经济组织成员在 1992 年 4 月 1 日《收养法》颁布之前收养而未办理收养登记手续的在册收养子女，属本集体经济组织成员,《收养法》颁布后,办理了合法收养登记手续的在册收养子女,属本集体经济组织成员;(6)因国家重大政策需要,由政府安置而迁入本集体经济组织的在册农业人口(政策性移民及其子女),属本集体经济组织成员;(7)2001年出生统一登记为城镇居民户口的农民子女,父母双方有一方为农业户籍人员,应视作本集体经济组织成员;(8)本集体经济组织成员支援边疆和内地建设,现已迁回原籍的农业户籍人员,属本集体经济组织成员;(9)现已迁回原籍的自理口粮户人员,仍属本集体经济组织成员;(10)经政府平反的服刑和劳动教养期间的农业户籍人员,承认其为本集体经济组织成员;(11)其他特殊情况,必须经本集体经济组织成员(代表)讨论决定,并经三分之二以上成员(代表)表决通过。北京市延庆县,浙江省宁波市北仑区,广东省佛山市南海区,四川省成都市青羊区、温江区、都江堰市,山东省潍坊市寒亭区等地也专门出台了集体经济组织成员资格界定的指导意见或试行办法,对成员资格的确定、排除和丧失等内容作出了具体规定。

三、按照村规民约民主决策

实践中,由于集体经济组织成员资格界定缺少权威的法律依据,一些地方政府也没有出台相关的政策文件,许多地方主要根据村民是否具有户籍关系、是否承包经营集体土地、是否参与集体经济组织收益分配等标准,采取由集体经济组织履行民主程序的方式认定成员资格。厦门市在界定成员资格方面比较特别,不考虑农龄的因素,只明确必须户口在本地,否则不予考虑成员资格,在具体界定主要分五大类情况:一是机关、事业单位、国有企业在职或退休人员不予考虑;二是从1982年土改时分到土地的原住居民,享受完全股3股;三是后面新娶的媳妇或入赘的女婿,享受不完全股2股;四是户口在本地,不在本地生活的外嫁女,享受不完全股1股;五是考虑到各种实际情况,给予特殊人群0.5股的安慰股。这种分类方式有效防止了城市化进程中不同成员差异化较大问题,得到了农民群众的普遍认同。湖北省遵循"以户籍登记为基础,以法律法规为依据,以村规民约为参考,以外地经验为借鉴,以民主评议为结果"的原则,按照"全面统计、科学分类、准确界定"和"尊重历史、照顾现实"的要求进行人员分类。户籍和实际居住都在村组内的人员确定为集体经济组织成员,配股分红;曾经是集体经济组织成员的义务兵、大中专在校学生、"两劳"人员等作为集体经济组织成员对待,配股但暂不分红;其他人员则为非集体经济组织成员,不配股不分红。对于这三类人员,各试点村一般还进行更加细化的分类,具体标准由各试点村以民主方式自行制定。重庆市沙坪坝区童家桥村的成员资格界定工作主要遵循户籍和贡献两个原则,凡在1956年1月1日至2008年12月31日期间户籍登记在本集体经济组织所在村民委员会或村民小组内的村民或在本集体经济组织生产、生活过的公民均拥有成员资格,非农业户口人员、五保户人员、外迁入户时有承诺书的人员原则上不具有成员资格。

总结各地做法,集体经济组织成员资格界定,应该以"户籍","长期固定的生产、生活关系","生活基本保障"等主要因素作为界定的一般标准。集体经济组织成员资格界定的衡量标准至少应当包括以下几个方面:

一是具有本集体经济组织所在地常住户口。户籍是国家依法收集、确认、登记辖区公民身份、亲属关系以及法定地址等人口基本信息的法律制度,它是证明公民身份属性、认定其民事权利能力和民事行为能力的原始证据。如果某人的常住户口登记在集体经济组织所在的村民委员会或村民小组内,就表明其与该集体经济组织存在一定的身份管理和权利义务关系,这正是成为该集体经济组织成员的重要条件。

二是取得本集体经济组织土地承包经营权。中国农村集体经济组织实行以家庭承包经营为基础、统分结合的双层经营体制,虽然家庭承包的承包方是本集体经济组织的农户,但大部分集体经济组织在订立承包合同时仍是按照户内成员的人数确定承包地的份额,即"按户承包、按人分地"。土地承包经营权属于法定用益物权,法律对承包方的范围已经作出明确限定,按照法律政策拥有土地承包经营权,不仅是享有集体经济组织资产使用权的重要体现,也是具有集体经济组织成员资格的有力佐证。

三是参与本集体经济组织收益分配。集体收益分配权作为集体经济组织成员权利的重要内容,是集体经济组织成员为实现其财产权利,按照既定收益分配规则、方案和程序,对可供分配的集体经济收益进行划分和配给的权利。随着城镇化、工业化、市场化的发展,农村集体资产总量快速增加,农民群众对于集体收益分配给谁的关注程度越来越高,参与本集体经济组织收益分配也就成为衡量是否具有成员资格的一项关键指标。

四是参加本集体经济组织民主管理,享有选举权和被选举权。由成员通过召开成员(代表)大会的方式,对本集体经济组织重大事项进行民主决策,并通过选举或当选集体经济组织经营管理人员,具体执行成员(代表)大会通过的决议,这是集体经济组织民主管理的具体实现形式。因此,参加集体经济组织民主管理并享有选举权和被选举权也是具有集体经济组织成员资格的重要体现。由于集体经济组织成员不仅是一个自然范畴,同时也是一个社会历史范畴,所以,是否具有集体经济组织成员资格需要综合考虑成员与集体经济组织的关联程度进行判断,即不仅要考虑其户籍、血缘等自然因素,还要考虑其土地承包经营权、集体收益分配权、民主管理权以及生产生活情况、权利义务关系、社会保障来源等社会历史因素,对于特殊人员(如新增人口、出嫁女等)也应结合实际情况具体分析界定。此外,集体经济组织还应根据本地经济发展和实际情况,合理设置成员资格界定的时间界限和地域界限,切实保障为集体经济发展作出贡献的农民财产权利。

■ 第四节　如何界定农村集体经济组织成员

如何划定集体经济组织成员的边界是推进农村集体产权制度改革的首要问题，而这一问题又分为时间和空间两个层面。在这片土地上生产生活的人，祖祖辈辈生生不息，究竟从哪个时段起才算成员？与这片土地发生怎样的关联联系才能算是成员？一般来说，集体经济组织成员的确定，应注意以下四个方面：

一是时间点的确定。从时间上看，1956 年社会主义改造基本完成后，以生产资料集体所有制为基础的高级农业生产合作社开始建立，而这也标志着农村集体经济组织的建立。彼时农民牵着耕牛，拿着地契，加入了高级农业生产合作社，这应当成为界定农村集体经济组织成员的时点。

二是关联关系的确定。高级农业生产合作社成立以来，如果只是这片土地上的匆匆过客，例如，只是过来体验乡土生活的背包客，当然不能成为集体经济组织的成员。[①]这里的要义有二：一方面，赖以确认成员的联结点，是与农村集体经济组织存在土地承包、所在地户籍、集体资产积累等生产生活关系；另一方面，成员的确认必须遵循规范的程序，以获得当地群众认可。前者为实体要件，后者则为程序要件。综合以上考量，可对成员作出以下界定：农村集体经济组织成员，是指自农村高级农业生产合作社成立以来，与集体经济组织存在土地承包、所在地户籍、集体资产积累等生产生活关系，经该集体经济组织民主程序确认的人员。

三是成员的分类。自农村高级农业生产合作社成立至今，已逾半

---

① 中共中央、国务院《关于稳步推进农村集体产权制度改革的意见》提出，在做好农村集体经济组织成员身份确认工作时，必须按照尊重历史、兼顾现实、程序规范、群众认可的原则，统筹考虑户籍关系、农村土地承包关系、对集体积累的贡献等因素。

个世纪,有的人已经去世,有的人考上了大学、公务员,参了军,离土离乡,因此还需要根据具体情况作出区分:集体经济组织完成成员确认程序时,已经去世或虽未去世但已经离开集体经济组织的为过往成员,根据确权份额享有相应的财产权益;其他成员为现有成员,依照法律规定享有完整的成员权利。换言之,曾经作出过贡献的,可以根据其农龄来确认其应享有的份额,但由于其已经去世或者离开,不享有表决权,只享有相应的财产权益。

四是成员资格的封闭性与开放性。为了实现村社共有、集体总有的状态,避免农村资产受到外部人控制,成员资格必须同时保持开放与封闭的双重格局,也就是对内开放且对外封闭。集体经济组织内部的新生人口,自出生之日起即享有成员资格,可以继承、受让财产份额;而在集体经济组织之外的任何人,均不能通过受让、抵押等方式获得成员资格。另外,农村集体经济组织成员享有的份额,应当以户为单位记载。除非农村集体经济组织章程另有约定,户内总份额不随户内人口增减变动而调整,即所谓"生不增、死不减"。这也是相对公平的制度设计,因为每户都可能存在老人过世、孩子出生的情形。随着岁月的推移,户内的成员将相继去世,成为"灭失户",彼时,该户的份额将由农村集体经济组织收回。

在程序上,集体经济组织成员资格界定应当主要遵循以下几个原则:第一,尊重历史承认现实。集体资产是各个历史阶段集体经济组织成员劳动成果的累积,因此成员资格界定也应涵盖各个阶段的不同群体。第二,实现权利义务对等。履行义务是享受权利的前提,成员享有的权利应与其对集体经济组织承担的义务、作出的贡献相当。第三,尽量做到标准一致。成员资格界定涉及每位村民的切身利益,在同一区域的集体经济组织应当采取一致的标准,并在章程中予以明确,如有无户籍、有无承包地、是否参加集体收益分配、人员是否健在、是否新增人员等。第四,坚持民主程序公开。由于村民群众对集体经济组织成员变化情况最了解，也最有发言权，应坚持程序的合法性与公开性相结合，将成员资格界定的决定权交给村民，由其充分协商、民主决定。第五，防止多数人侵犯少数人权益。在成员资格界定工作中既要坚持少数服从多数，又要保护少数人的利益，防止多数人侵犯少数人的合法权益。

第 四 章

农村集体产权制度改革过程中的相关问题

■ 第一节 农村集体产权的涉及范围

党的十八届三中全会明确了农村集体产权主要有三大块：一是土地资源性资产；二是集体经营性资产，类似乡镇企业和物业经济等，由集体统一经营；三是非经营公益性的集体资产。

农村集体资产的范围有狭义与广义之分。狭义的集体资产仅指集体账面资产，也就是经营性资产和非经营性资产；广义的集体资产还包括土地等资源性资产，资源的使用、处置、经营收益分配也是集体资产管理的重要内容。

中国农村现有的集体经济组织是从人民公社时期的"三级所有、队为基础"演变而来的，与原生产队、生产大队、人民公社相对应的分别是组级、村级和乡镇级集体经济组织。各级农村集体经济组织按照集体土地所有权归属和集体资产产权归属，依法经营管理本组织集体所有的资产，任何公民、法人和其他组织不得侵犯。农村集体资产的量化，是对被认定为属于现有集体经济组织成员的共有资产，按照一定标准，采用股份的形式在本集体经济组织成员之间明晰产权的过程。

农村集体经济组织产权制度改革不能突破原有集体经济组织的范

围,这是推进改革、制定政策的底线。当前应将集体资产量化的重点放在非资源性的经营性资产方面,主要考量有以下几点:一是农村"三块地"的权益。国家政策制度安排是:农民承包田确权登记颁证到户,长久不变;农村集体经营性建设用地实行与国有土地同权同价入市的改革;农民宅基地用益物权归农户持有,探索农民住房财产权抵押、担保、转让改革。二是非经营性资产主要是公共使用的农村集体资产,属纯公益性的,现阶段没有必要折股量化。三是农村集体土地(包括农村承包地)等资源性资产,只登记面积,一般不进行量化作价。目前土地等集体资产尚不能进入市场,价值一时难以显现,评估缺乏实际意义。四是在股权设置方面,无论是产权制度改革还是撤制村队集体资产处置,主要都以农龄分配为主要依据,这在长期以来已得到了基层的充分认可。以农龄为股份设置主要依据的做法较好地体现了人与户的有机结合,与农村土地承包中"增人不增地、减人不减地",以户为单位的承包方式的总体精神是相一致的,体现了两次分配注重公平的原则。五是从深化农村产权制度改革、赋予农民更多财产性权利的角度出发,有必要将集体资源性资产纳入股份合作制改革股份量化范畴,以股权的形式固化农民对集体财产的权益,使集体经济成员能够分享资源性资产带来的经营收益。

鉴此,笔者认为,应采用广义的农村集体资产概念,将农村集体资源性资产、经营性资产和非经营性资产一并纳入范畴。在具体的工作中,可重点先量化非资源性的经营性资产,暂不量化非经营性资产和资源性资产。待经济发展到一定程度,各方面条件允许,农村集体资产监管制度比较健全后,则可以对这三类资产实行同步量化。

与此同时,考虑到我国地域的广泛性,要鼓励各地积极探索发展土地股份合作。农户通过以其土地经营权入股合作社、企业等规模经营主体,并按股份比例参与收益分红,不仅有利于创新农业经营体质机制,推动农业适度规模经营,也有利于建立农户与合作社、企业之间的利益联结机制,这对于发展壮大集体经济、增加农民财产性收入具有重要作用。

第二节　农村集体资产的界定

开展农村集体资产产权界定工作,要以发展壮大农村集体经济为目标,以明晰乡镇国有资产和农村集体资产产权为重点,推进集体资金和财政资金分账管理,建立健全乡镇农村集体资产长效管理机制,切实加强农村集体资产监管。

一、界定原则

资产形成时投资主体明确的,应按照"谁投资、谁所有"的原则进行界定。由农村集体资金和财政资金等共同投资形成的资产,有政策规定或者约定的,按政策规定或者约定界定产权。没有政策规定或者约定的,可按投资比例明晰各自产权比例;或者经协商一方为产权所有人,另一方的投入资金作为债权方式处理。对资产形成历史久远,没有明确的投资主体,并难以清理形成资产的资金来源的,经清产核资后,界定产权主体。产权主体界定时,应向农村集体经济组织倾斜,以利于促进农村集体经济发展壮大。

二、界定内容

农村集体资产产权界定的重点是明晰乡镇国有资产和农村集体资产。下列资产应界定为农村集体资产:(1)农村集体经济组织本身拥有的流动资产、固定资产、无形资产和其他资产;(2)农村集体经济组织自筹资金兴办的企事业单位的资产及其在分支、附属单位的资产;(3)农村集体经济组织对外投资应享有的资产和权益;(4)农村集体经济组织投资形成,但被政府、团体和非农村集体的企事业单位所占用的资产;

（5）农村集体经济组织以投资和劳动积累等方式形成的水利、电力、道路等公共设施，以及教育、文化、卫生、体育、通信、福利等公益设施；（6）农村集体经济组织接受社会资助、无偿捐赠、上级奖励和享受减免税以及其他优惠等形成的资产；（7）农村集体经济组织由各级政府给予扶持、奖补、贴息等形成的资产，未明确其权属的，归乡镇农村集体所有；（8）其他应归属为农村集体经济组织所有的集体资产。除上述情形之外，将按政策规定或约定执行。

三、界定程序

坚持界定原则，遵循界定程序，严把关键环节，明晰农村集体资产所有权。区县要制定产权界定的实施办法，乡镇制订具体操作细则。乡镇农村集体资产监督管理委员会组建的工作小组应对本乡镇农村集体的各种资产、负债和所有者权益进行全面清理核实，摸清集体资产的存量、结构、分布和运用效益情况，对集体资产权属进行梳理界定。界定结果报乡镇农村集体资产监督管理委员会审核把关，并明确公示的范围、期限，对有异议的要妥善处理好。公示复核无异议的，由乡镇人民政府确认后到区县农业行政管理部门备案，并以文件形式予以公布。乡镇农村集体资产产权界定工作完成后，应及时对集体资产按经营性与非经营分类登记造册，纳入农村集体资产管理范围。资产登记册、汇总表等各种纸质文件材料，一式两份，一份整理进档案室，另一份报区县农村集体资产管理部门备案。产权关系明晰的乡镇农村集体资产应录入农村集体"三资"监管平台。

四、监督管理

（一）明确资金支付边界

乡镇农村集体资金和财政资金应实行分账管理。补贴给集体经济组织的财政资金，一般属于集体资产；规定属于国有资产的资金，按国有资产管理。按规定由政府提供社会公共服务及产品的,应由政府财政承担;农村集体经济组织为发展壮大经济的,应由农村集体经济组织承担。

（二）实行资产分类监管

乡镇农村集体资产监督管理委员会应督促农村集体资产管理部门和占有、使用农村集体资产的各单位对农村集体所有的资产,按资产的类别建立台账,及时记录资产增减变动的情况。乡镇经营性集体资产要实行保值增值管理;乡镇非经营性集体资产也应加强管理,确保资产安全完整。

（三）界定债务责任主体

由乡镇农村集体资产公司等向银行借贷所形成的债务,要根据债务性质和所形成资产产权等因素,认真做好债务清理工作,明确债务人主体。债务资金用于公益性项目建设且地方政府承担偿还责任,或形成资产产权归地方政府的,债务由政府承担;债务资金用于发展农村集体经济或形成资产产权归农村集体经济组织的,债务由农村集体经济组织承担。

（四）强化资产后续管理

政府与乡镇农村集体经济组织共同出资形成的资产,经政府与农村集体经济组织协商后界定为一个产权所有人的,产权所有人应一次或分期归还原政府或农村集体经济组织投入的资金。为促进农村集体经济组织发展,应鼓励、扶持有条件的乡镇农村集体经济组织回购与政府共同出资形成的经营性资产。

（五）妥善处理历史账务

因乡镇行政区域的变化和机构、人员变动等原因,乡镇改转制企业应上缴而未上缴的资产,历史上长期形成的债权债务等,应认真清理债权债务的来龙去脉,对集体债权应组织力量予以追索,必要时可采取司法途径进行催收。确因各种原因无法收回或已损毁灭失的资产,应按照财务相关规定和程序,经乡镇农村集体资产监督管理委员会审核后,予以核销坏账和不实等资产,并做好账务调整。

■ 第三节　农村集体经济组织成员权利与商事组织成员权利的比较[①]

农村集体经济组织与典型的商事组织不同,前者虽然是营利性组织,但还承担着一定的准行政职能,例如,保护农村集体所有的土地等资源性资产,管理农村集体所有的非经营性资产等。农村集体经济组织具有显著的地缘性,服务于本区域农民的生产生活需要,成员资格相对封闭,这也决定了成员享有的权利与股东权利存在诸多重大差别,体现在以下几个方面:

一是表决权。典型的商事组织(例如公司)实行一股一票,遵从资本多数决原则,即谁钱多谁说了算。而在农村集体经济组织中,为了体现成员民主管理,防止少数人操控,实行一人一票制度。而且,过往成员要么已经去世,要么已经离开了本地,他们一般只在意财产权益,不关心民主投票权利,在这种情况下赋予其投票权,既不合情理,也不具有现实操作性,甚至会影响成员会议的出席率,致使会议无法有效召开。此外,农村集体经济组织具有明显的地缘性,成员生活于熟人社会,数户成员可以共同推举代表参会,以提高运营效率。因而,农村集体经济组织可以通过集体经济组织成员大会或者成员代表会议就议决事项进行表决。

二是流转权。权利的流转包括继承、转让与赠与三种情形,也包括由于履行抵押义务而发生的被动权利让与。在典型的公司中,除了有

---

①　中共中央、国务院《关于稳步推进农村集体产权制度改革的意见》提出,必须确保农民知情权、参与权、表达权、监督权。在法律规范意义上,参与权在语义上有欠精准,而且,表达也是参与的方式之一。因此,笔者将成员的权利设定为知情权、表决权、收益权、监督权等类型。

限责任公司股权转让要满足其他股东的优先购买权之外,法律基本上不作其他限制。而农村集体经济组织为了避免出现少数人控制、外部人侵占等情形,必须对权益流转施加种种限制。

关于转让与赠与。首先,农村集体资产份额不得向本集体经济组织成员以外的第三人转让、赠与。也就是说,份额对外是锁死的。其次,份额只能在本集体经济组织成员内部进行转让与赠与,或者由本集体经济组织赎回,农村集体经济组织章程另有约定的除外。

关于继承。由于继承乃基于死亡这一法律事实,而继受份额是法定权利,故农村集体经济组织不宜排除继承人的继承权,但为了避免外部人经由继承而获得成员资格,应规定农村集体经济组织成员之外的人因继承而获得财产份额的,不享有表决权,但章程另有规定的除外。

关于担保。为了避免农村集体经济组织由于担保导致资产被外部人所控制,规定农村集体经济组织不得为他人的债务提供担保,本集体经济组织设立的企业除外。章程可以对提供担保的条件和程序作出规定。

关于最高份额。为了避免少数人控制,规定通过份额量化和转让、赠与、继承等方式持有农村集体资产份额的,其份额不得超过章程规定的上限。

三是收益权。在收益分配方面,如果是典型的商事组织,则完全由投资者自主。但农村集体经济的收益则不然,除了要体现所有者决定权之外,更要体现长期存续、服务社区的属性,因此,农村集体资产经营收益由本集体经济组织全体成员共同享有,依照法律和章程的规定分配。为避免短期行为,规定收益分配方案须经乡镇农经管理机构核准后,提交本集体经济组织成员大会或者成员代表会议表决通过后实施。农村集体经济组织当年的净收益应当在弥补亏损、提取公积公益金后按照一定比例实行按份额分配。

■ 第四节　改革股权（份额）的设置

就上海农村集体经济组织产权制度改革的情况看,现阶段面上更侧重于以份额的形式量化集体资产,在部分城市化发展进程较快地区则可实行股份形式量化集体资产。在股权（份额）设置形式上,各地的做法不尽相同。如江苏省苏州市按照某一时间节点,按人头股,实行一人一股。笔者认为,无论是产权制度改革还是撤村建居集体资产的处置,在股权（份额）设置上都应以"农龄"为主要依据,这已得到了基层干部和群众的充分认可。以"农龄"为股份设置的主要依据,较好地体现了人与户的有机结合。这里需要提出的是,农龄是主要依据,但不是唯一依据,在实际操作过程中,各地可结合具体情况在维持以"农龄"为股份设置主要依据的基础上,适当考虑人口、土地等其他因素,同时进一步研究将人与户更有效地结合,以户为单位发放社员证,并相应明确户内每个成员的股权（份额）,便于未来资产股权（份额）的继承。

就全国各地农村集体经济组织产权制度改革的情况看,当前份额（股权）设置所面临的最大问题是是否设置集体股。一些地方在改制时设置了集体股,主要是出于两方面的考虑:一是担心没有集体股,集体经济组织就失去了公有制性质;二是集体经济组织目前承担了大量的公共服务职能,需要通过设置集体股筹集公共事业所需经费。而大部分地方则主张不设集体股,主要是因为如果改制时保留集体股,随着城镇化进程的急剧推进,集体积累逐渐增加,会再次出现集体股权属关系不清晰的问题,需要进行两次改制。此外,集体股在集体经济组织变更或重组时还将面临再分配、再确权的问题,极易产生新的矛盾。

因此,上海、江苏、浙江等地在改制时原则上不提倡设置集体股。当然,如果基层干部和群众一致要求设置集体股,则应充分尊重群众的选择,由农村集体经济组织通过公开程序自主决定。对这一问题,笔者认为，对于城镇化进程较快、已实现"村改居"的地方，应明确不设置集体股，其日常公共事业支出，可以通过在集体收益分配中提取公积金、公益金的方式来解决，其具体比例或数额由改制后的新型农村集体经济组织成员（代表）会议在讨论年度预决算时决定。当然，究竟是否要设、比例多少，最终还是由集体经济组织按照民主程序讨论决定。

第五节　产权改革制度安排和实现形式

2018年3月前，《民法通则》将民事主体区分为公民和法人，法人分为企业法人、机关法人、事业单位法人和社会团体法人四类。农村集体经济组织与企业等法人组织属于完全不同的组织类型，其法人地位并未明确。有法律地位而无法人地位，导致农村集体经济组织无法作为完整的市场主体参与经营竞争，这个问题始终困扰着农村集体产权制度改革。

表 4-1　新型农村集体经济组织内部管理及外部环境比较

类型内容		经济合作社	有限责任公司	社区股份合作社
内部管理	成员（股东人数）	没有限制	50 人以下	发起人为 2—200 人
	出资方式	不明确	可货币估价并可依法转让的财产	可货币估价并可依法转让的财产
	承担责任	无限责任	以出资为限	以出资为限
	权力机构	成员大会	股东会	股东大会
	决策方式	一人一票	按投资额	一股一票
	日常权力机构	成员代表大会	执行董事；或董事会，人数 3—13 人	董事会，人数 5—19 人
	监督机构	监督委员会，3—5 人	1—2 名监事；或监事会，人数不少于 3 人	监事会，人数不少于 3 人
外部环境	法人地位	无	公司法人	参照农民专业合作社法人
	营业执照	无	有	有
	经营税费	无	有	有

　　对完成产权制度改革后的农村集体经济组织的产权制度安排和实现形式,各地主要采取了三种形式:一是有限责任公司;二是社区股份合作社;三是经济合作社。这三种形式中,有限责任公司是按照《公司法》进行工商登记的公司法人,但其股东只能在50人以下,与乡镇、村集体经济组织成员数量成千上万的特点不相适应,因此,改制的农村集体经济组织只能采取隐性股东的做法,大部分集体经济组织成员的权利难以得到法律的认可和保护。社区股份合作社在工商部门登记的,主要是参照《农民专业合作社法》登记的法人,它有效解决了股东人数限制的问题,但由于社区股份合作社是较特殊的法人,对它没有专门的税收、财务制度,因此,在税收、财务方面执行的是适用于公司法人的相关制度,在运营中社区股份合作社要缴纳营业税、城市维护建设税、房产税、土地使用税、企业所得税等各项税赋,税费负担较重。无论是有限责任公司还是社区股份合作社,它们都对股东(集体经济组织成员)进行收益分配,而股东都要缴纳20%的红利税(即个人所得税),这在很大程度上增加了新型农村集体经济组织的负担(一般情况下,为增加农民收入,红利税由公司、社区股份合作社代缴),影响了农村集体经济组织改制的积极性。经济合作社是一种组织创新,无需进行工商登记,由县级以上人民政府颁发证明书,并可凭此证明书申领组织机构代码证,分红时不需要缴纳红利税。但是,经济合作社不是法人主体,无法作为出资人对外投资,这在一定程度上影响了经济合作社的持续发展(虽然北京、上海等地在这方面有所探索,①但最终需要法律法规支撑)。2018年3月,《民法总则》明确农村集体经济组织是一类特别法人。5月,农业农村部会同中国人民银行、国家市场监管总局印发《关于开展农村集体经济组织登记赋码工作的通知》,并在10月就启用登

---

　　① 北京、上海先后制定出台了《关于本市农村社区经济合作社投资兴办企业工商注册登记有关工作》,从政策上保障了该项措施的落实。2016年12月,中共中央、国务院出台的《关于稳步推进农村集体产权制度改革的意见》对此予以肯定,并在制度上予以确立。

记证的有关事项提出了进一步要求。为此,各级农业农村部门有序指导有集体统一经营资产的村组建立健全集体经济组织,明确由集体经济组织代表集体行使所有权;重点要做好新成立集体经济组织的登记赋码工作,向集体经济组织发放登记证,集体经济组织凭登记证到相关部门办理公章刻制和银行开户等手续,确保了其正常开展经营管理、公平参与市场竞争。

第六节　改革后新型集体经济组织内部治理结构

农村集体经济组织产权制度改革的最终目的是实现"政企分开""政资(财政资金与集体资金)分离",建立较为完善的现代企业制度和组织治理结构。这是推进农村集体经济组织产权制度改革的核心工作。[①]

上海在推进这项工作时明确,改革后组建的新型集体经济组织要建立健全成员(股东)代表会议、理事(董事)会和监事会等组织治理结构,充分保障集体经济组织成员的监督权、参与权、决策权和知情权。要根据合作社(公司)章程,不断完善社区股份合作社、有限责任公司的成员(股东)代表会议、董事会和监事会等法人治理结构;建立社区经济合作社成员(股东)代表会议制度和理事会、监事会,并规范运作,特别是村经济合作社和乡镇经济联合社的理事长应在具有集体经济组织成员资格的人选中选举产生;对目前暂由没有本集体经济组织成员资格的党政领导干部兼任理事长的,在过渡期内要注重做好人才培养和政策宣传工作,待过渡期满应按政策规定改选理事长人选。村委会主任和社区经济合作社理事长应分设,一般不能由同一人兼任。如村党支部书记为本集体经济组织成员,建议其兼任社区经济合作社理事长,但

---

① 见《上海市人民政府关于推进农村集体经济组织产权制度改革的若干意见》(2014 年沪府发70 号文件)。

一般不宜同时兼任村委会主任。如村党支部书记不是本集体经济组织成员，村集体经济组织可依照章程，聘村党支部书记为外部理事，村党支部书记通过选举兼任经济合作社理事长。

从全国各地的实践看，目前已完成产权制度改革的农村集体经济组织，其董事长或理事长大多仍由乡镇党委书记或村党支部书记兼任（一些书记是外派的，往往不是本集体经济组织成员）。这种做法在改革起步时，体现了强有力的组织保障，也符合农村的实际情况，但与集体经济组织的本质特征并不相符，长远来说还需进一步规范。由于长期以来村级组织的运转经费主要依靠农村集体经济来保障，一些村改制后，并未真正实现村委会经费和集体经济组织经费分账管理、分账使用；同时，新型农村集体经济组织的董事会或理事会、监事会成员大多仍由乡镇党政主要领导和机关干部、村领导班子成员等兼任，管理上仍沿用原有管理乡镇、村级组织的方式，难以真正改变政府主导的固有模式，一定程度上也缺乏驾驭市场经济、适应市场竞争的能力。

对于这一问题，笔者认为，要坚定不移完善新型集体经济的组织治理结构。同时要进一步健全各级农村集体资产监督管理委员会的职能，加强对农村集体经济组织重大项目投资、大额度资金使用、资产变动、收益分配方案、财务审计和重要人事安排等重大事项的审核。全面建立健全乡镇农经机构，由农经机构具体承担乡镇和村集体资产监督管理的日常工作。改制为有限责任公司和社区股份合作社的农村集体经济组织的治理机构，则按照相关法律政策规定来操作。改制后成立的经济合作社依法代表全体成员行使农村集体资产所有权，是农村集体资产管理的主体。经济合作社依照章程建立成员代表会议制度、成立理事会和监事会。成员代表会议是改制后农村集体经济组织的权力机构，凡涉及集体资产和成员切身利益的重大事项，必须提交成员代表会议讨论，经三分之二以上代表同意方可实行，并及时上报给上级集体资产监督管理委员会。理事会作为成员代表会议的执行机构，负责经济合作社的日常事务管理工作。监事会作为监督机构,代表经济合作社全体成员对集体资产经营管理活动进行监督。经济合作社理事会理事和理事长候选人应当具有农村集体经济组织成员的资格,奉公守法、熟悉经营管理、善于组织协调、在成员中有一定的声望。理事会理事和理事长由成员代表会议一并选举产生。经济合作社理事会可以聘用职业经理人来经营管理经济合作社。经济合作社监事长由上级集体资产监督管理委员会委派,监事会监事由成员代表会议选举产生。

■ 第七节　新型农村集体经济组织与村委会或社区的管理关系

当前已改制地区普遍反映,改制后村党支部、农村集体经济组织与村民自治组织职能交叉,未能做到各司其职、各负其责。事实上,新型农村集体经济组织仍然承担了村委会或社区公共管理的职能和相应的费用,长此以往这既会影响甚至拖累新型农村集体经济组织发展,又易引发农村集体经济组织成员与村委会或社区居民之间的矛盾。

笔者认为,应积极创造条件,加快推进改制后农村基层组织政治职能、公共服务职能和经济职能的相互分离。村级党组织要发挥好领导核心的作用,领导和支持基层各种组织依法行使职权。村民自治组织要依法开展群众自治,搞好自治管理和公共服务。农村集体经济组织负责集体经济的运营和管理,发展壮大集体经济,提高集体经济组织成员的财产性收入。

推进农村集体产权制度改革后的一项重要制度安排,就是实行"村经分离"。所谓"村经分离",是指新型农村集体经济组织和村委会在职能、经费、人员等方面实行分离,其中主要是经费的分账使用和分账管理。这项改革在广东东莞、江苏苏州、上海金山等地都已进行了有益的探索。笔者认为,在城镇化进程很快、已经撤村建居的地方,原村委会承担的社会管理职能可以转交相应的社区（居委会），相关费用纳入社区（居委会）财政支出予以保障。改制后的农村集体经济组织主要负责集体资产的经营管理，并按股向其成员分红，不再承担社会管理的相关费用。在尚未撤村建居，但农村集体经济组织已经改制的地方，有两种类型：一是在不撤制村队的改制地区，区、镇领导重视，经济条件较好，应积极试行"村经分离"。村委会主要承担社会管理职能，相关费用由财政予以保障；改革后建立的新型集体经济组织承担经济职能，主要负责集体资产经营管理，并按股（份额）向农民分红。产权制度改革时可通过设立集体股或在章程中明确保留公积金、公益金。设立集体股的，股份收益用于增加集体经济组织成员福利或经成员同意后适当用于相关社会管理职能，改善成员生产生活条件。村委会和新型集体经济组织账目要分设，并按相应会计制度加强账务管理。村干部和新型集体经济组织董（理）事会、监事会等相关经营管理人员可交叉任职，并根据其承担的社会管理服务职能和经营管理活动业绩分别考核，由村委会和新型集体经济组织分别发放报酬。二是在不撤制村队的改制地区，如确受区、镇财力所限，一时尚难有条件开展"村经分离"试点的，应加强经济账目管理，做到村经进出账目清晰，不搞混账。同时探索通过政府购买服务的方式，逐步减少依法应由政府承担、而实际由农村集体经济组织承担的基本公共服务支出，按照"财随事走"的原则，逐步由财政资金承担条线下达任务的经费；村干部基本报酬费用原则由上一级部门承担，需要动用村集体经济组织费用的，应严格相关审批制度，充分遵循民主程序。待条件成熟，应及时试行"村经分离"。

■ 第八节　妥善处理政府监管与成员自治的关系

　　鉴于集体经济的基本特性，笔者认为，在推进产权制度改革过程中，应妥善处置好政府监管与成员自治的关系：

一、围绕共益权，明确政府监管事项

为了避免集体经济组织因为成员短视而做出种种非理性行为，政府又必须加强监管，规定乡镇人民政府建立农村集体资产监督管理机制，加强对农村集体经济组织重大事项决策、重大项目投资、大额度资金使用、资产运作、资产管理、分配方案、财务审计和重要人事安排等事项的指导、管理和监督。各级农村经营管理机构承担农村集体资产日常监督管理职责，负责对农村集体经济组织以及由其设立的企业进行监督。在监督事项的确定方面，宜注重公共性，也就是说，更多地将涉及共益权的事项列为监督范围，例如农村集体资产的承包、租赁、转让等合同的签订和履行、集体土地征收征用补偿费的分配和使用、重大投资和工程建设项目、农村集体经济组织的合并、分立、解散等。

二、政府应慎用审批手段，注重示范引领

首先，应当着力避免以审批、许可方式实施监管，仅在关键之处启用类似措施。如农村集体经济组织的合并、分立、解散，在法理上应当由成员自行决定。但与此同时，政府又担忧农民将农村资产一分了之，最终家园失散，农民流离失所。在此情况下，可以明确农村集体经济组织章程对农村集体经济组织的合并、分立、解散设定条件，规定实施方案应提交政府的农业主管部门核准，然后再提交成员代表会议或成员大会审议。农业主管部门发现存在恶意逃废债务、恶意分配资产的，有权不予核准。

其次，鉴于农村集体经济组织缺乏成熟的治理经验，各地农业主管部门根据本地区实际情况制定示范章程，载明的事项包括：成员大会或者成员代表会议、理事会、监事会的职权和议事规则，重大事项、一般事项、主要管理人员的范围，成员份额流转的条件与程序，收益分配办法等。

第三，建立信息化平台，发现集体资产最优价格，实现有效监管。政府可以建立农村集体资产信息化管理平台、农村集体资产租赁平台等各类平台，鼓励在平台上公开交易，以公开、公正的方式择优选择农村集体资产的经营者，实行集体资产公开运行。

三、加强对集体经济组织及成员的保护

推进农村集体产权制度改革的重要目标之一，就是真正让农民成为改革的参与者和受益者。为此，一要加强内部沟通。农村集体经济组织成员及利害关系人对成员资格、份额等有异议的，可以向农村集体经济组织提出核实申请。农村集体经济组织收到申请后，应当调查核实，并及时作出答复；发现问题的，应当予以纠正。乡镇农村经营管理机构可以根据农村集体经济组织成员及利害关系人的请求，帮助调查核实，并督促农村集体经济组织作出答复。二要管住关键少数。为了进一步规范农村集体经济组织的理事、监事、主要管理人员的行为，加大监督力度，规定当其出现用职权收受贿赂或者取得其他非法收入和不当利益、侵占或者挪用集体资产等情形，造成集体资产损失的，依法承担赔偿责任；属于国家工作人员的，还应当依法给予行政处分；构成犯罪的，依法追究刑事责任。三要加强行政监督。出现违规为他人债务提供担保、未定期开展资产清查核实工作、不向有关单位报告年度收益分配方案等情形的，对直接负责的主管人员和其他直接责任人员作出行政处罚，并可以向集体经济组织提出暂停职务或者罢免的建议。

■ 第九节　新型集体经济组织治理结构的构建

应积极创造条件，加快推进改制后农村基层组织政治职能、公共服务职能和经济职能相互分离。村级党组织要发挥好领导核心的作用，领导和支持基层各种组织依法行使职权。村民自治组织要依法开展群众自治，搞

好自治管理和公共服务。农村集体经济组织负责集体经济的运营和管理,发展壮大集体经济,提高集体经济组织成员的财产性收入。

与股份制公司不同的是,新型集体经济组织,即经济合作社的组织机构由成员大会、理事会、监事会组成,实行一人一票制。成员大会或者成员代表会议的主要职责是,决定经济合作社的合并、分立、解散实施方案,决定年度收益分配方案,决定集体经济组织成员的增减等。理事会的职责是,召集成员大会或者成员代表会议,执行成员大会或者成员代表会议的决议等。监事会的职责是,检查经济合作社财务,提议召开成员大会或者成员代表会议,在理事会不召集会议时自行召集会议等。同时,还对成员大会和成员代表会议的召开频次、召集、主持,以及出席人数、决议通过人数等进行监督。

各级人民政府应当通过多种形式支持农村集体经济发展,建立完善财政引导、多元化投入共同扶持集体经济发展机制。政府的公共职责不能因农村集体经济组织的组建而缺席。应规定政府加大对农村公共服务、公共管理、公共安全的财政投入,减少农村集体经济组织的负担,维护农村集体经济组织及其成员的合法权益。也就是说,财政仍然必须担负农村的公共事务,而农村集体经济组织则承担公共服务之外的成员所需的服务,例如,村里的电影院、福利院等。同时必须明确,农村集体经济组织应当与乡镇人民政府、村民委员会实行事务分离、分账管理。农村集体经济组织根据法律法规和章程的规定,可以将其收益按一定比例用于本地区公共事务和公益事业。

第十节　落实对集体经济发展的扶持政策

一、20%个人收入调节税问题

改革中,入股农民反映突出的是改制后的新型农村集体经济组织在分配时需要缴纳个人收入调节税(简称"红利税")问题。改革前,通过给经济组织成员发放福利等方式分配集体收益,无需缴纳个人所得税;改革后,依份额分红分配集体收益,按照个人所得税法等相关法律规定,需比照分红所得缴纳20%的个人所得税,入股农民在理解和支持方面均存在一定的障碍。这在一定程度上影响了基层农民支持改革的积极性,甚至成了某些村干部安于现状、不推进改革的"借口",影响了改革的推进。

笔者认为农村集体经济组织承担大量农村社会公共服务开支,不同于一般的经济组织,农民从新型集体经济组织取得的收入分配仅仅是分配方式的改变,实质上仍是集体经济组织内部的收益分配,并不是真正意义上的投资收入,应与个人所得税法律规定有所区别。办法有三种:一是设定一定的期限,对改制后的集体经济组织,特别是有限责任公司、社区股份合作社按照股份向农民进行收益分配的,暂缓征收个人所得税。二是设定一定的起征点,明确政策,将分红所得计入工资薪金,月收入超过法律规定起征点部分再按规定缴纳个人所得税。三是先征后返,由财政部门另行出台办法,将征收的20%个人调节税全额返还给农村集体经济组织,扶持其改革发展。

二、资产过户的税费问题

农村集体经济组织产权制度改革中,需要办理资产过户手续的,按规定应交纳资产额3%的契税、0.3%的交易费、5.5%—5.65%的营业税及附加、25%的企业所得税、0.5%的手续费、0.05%的印花税,还有土地增值税、房产税、城镇土地使用税。这对改革初期一个新生的农村集体经济实体来说,根本无法承受。例如:莘庄工业区社区股份合作社是由6个村改革组建的区域性集体经济组织,它所拥有的各类资产的产权均属于原来的村级公司,如产权过户到股份合作社名下,需缴纳巨额税费。

笔者认为,上述行为仅仅是改变了集体经济组织名称,不是真正的产权交易。因此,不应缴纳巨额税费,建议涉及集体产权交易的,在集体资产过户时如只变更集体经济组织名称，不变更权益人，免缴契税等税费（2015 年财政部和国家税务总局已出台相关政策[①]）。

三、农村集体经济组织税负问题

进行工商登记后的集体经济组织，要缴纳 7 项税，其包括：（1）营业税：主营业务收入的 5％；（2）城市维护建设税：营业税的 5％；（3）教育费附加税、地方教育税：分别为营业税的 3％、2％；（4）河道管理费：营业税的 1％；（5）企业所得税：所得的 25％；（6）房产税：按固定资产原值 80％的 1.2％或按租金收入的 12％征收；（7）土地使用税：按不同地区，每平方米 6 元、12 元（按房产证面积计）。例如，闵行区莘庄镇黎安公司，改制以前，由于村民委员会的收入不用缴纳税收；村实业公司的收入仅缴纳营业税、城建税、企业所得税等税种。改制后，公司新增了房产税、土地使用税和个人红利税等税种，其中，房产税按原值 80％的 1.2％缴纳，土地使用税按 6 元/平方米缴纳，红利税按税前 20％缴纳。2003 年村级集体收入为 897 万元，各项税费为 63 万元；2014 年公司集体收入为 3715 万元，各项税费为 512.3 万元。2014 年比 2003 年收入增了 3 倍多，税收增了 7 倍多，税收占收入的比重也从 7％增至 13％，税负压力非常大。

目前，农村集体经济组织采取公司制改革的，在税收方面与社会上一般企业没有任何区别。采取社区股份合作社改革的，是参照《农民专业合作社登记管理条例》进行工商登记的，但不适用于农民专业合作社的税收政策。因此，在税收方面基本参照公司制企业纳税，与一般的企业没有什么区别，也无优惠，与农民专业合作社相比税收负担明显偏重。但是，农村集体经济组织与社会上一般企业不同，要承担一定的社区服务和管理公益职能，权利和义务严重不对称。为此建议因农村集体经济组织承担农村社会公共服务职能，界定一定的时间期限，给予政策优惠

---

① 指《财政部　国家税务总局关于进一步支持企业事业单位改制重组有关契税政策的通知》（财税〔2015〕37 号）。

（江苏省苏州市实行综合税赋,税率 6.5％）;在企业所得税方面给予减免或先征后返,以减轻负担,支持集体经济发展,增加农民财产性收入。

对税费问题,笔者认为,在推进农村集体经济组织产权制度改革过程中,应设定一定的税收扶持过渡期(如 3—5 年)(红利税除外)。在过渡期内,由农业部门会同税务等部门共同制定相关扶持政策,对完成农村集体经济组织产权制度改革的新型集体经济组织给予一定的税收扶持。待过渡期满后,新型集体经济组织则应与其他市场主体一视同仁,承担应尽的纳税义务。

■ 第十一节　乡镇集体产权制度改革

与村级相比,乡镇一级农村集体资产数量更大,涉及面更广,改制政策性更强,情况更复杂。笔者认为,在加快推进村级集体产权制度改革的同时,还应关注乡镇集体产权制度改革,积极开展试点。这项工作,目前全国鲜有先例(全国仅上海、北京两地)。笔者认为,推进乡镇级农村集体产权制度改革,应借鉴村一级的改制经验和做法,通过以点带面,逐步予以推进。政府要从综合解决现实农村矛盾纠纷和保护最广大农民长远利益的高度,依靠群众找准群众利益平衡点与社会和谐公约数。在资产量化上,清产核资结果及折股计值资产公开公示,群众有需要的,可进行评估;在股种设置上,重在简便易行,推动权跟人走,在把握原则的基础上允许多样化、多元化设置;在股权配置上,重在公平公正,倡导"广覆盖、宽接受、走程序",确保"复杂问题程序化、程序问题民主化、民主问题公开化",妥善处理特殊群体和历史遗留问题,促进改革平稳有序推进。

在推进过程中应牢牢把握三个关键:一是厘清产权关系。以明晰乡镇国有资产和农村集体资产产权为重点,推进集体资金和财政资金分账管理,为今后推进镇级产权制度改革试点打好基础。二是合理设置份额

（股权）。综合考虑农龄、土地、人头等因素，合理确定份额（股份），并以此为依据，将收益分配至所属的各村级集体经济组织。三是公开、公平、公正。乡镇集体经济组织改制同样要充分尊重群众的意愿，坚持民主决策，确保集体经济组织成员对这项改革的知情权、参与权、表达权和监督权，将公开、公正、公平的精神贯穿于改革的全过程。

第 五 章
完善农村集体经济资产股权权能

完善农村集体经济资产股权权能是深化农村集体产权制度改革的核心内容。2015年,张晓山①对有关农村集体产权制度改革的几个理论问题进行了梳理,提出应及时对中国农村集体所有制从理论、法律和政策层面进行探索。国务院发展研究中心农村部②也提出对农村集体所有制下的产权必须通过深化改革进行重构。陈锡文③指出,农村集体产权制度改革的目的是要把集体资产查清楚,把收益分配权落实到每个成员头上,绝不是把集体的资产分割到每个成员头上。韩俊④分析认为,农村集体经营性资产的股份合作制改革,不同于工商企业的股份制改造,只能在农村集体经济组织内部进行,是一个内改制,其核心是保护好农民集体经济组织成员权利,重点是明晰农村集体产权归属,赋予农民更多财产权利。

在实践层面,苏州已有95%的社区合作社完成"股权固化"的工作。⑤对股权(份额)管理,在具体推进过程中,集中有两种情况:一是在

---

① 张晓山:《关于农村集体产权制度改革的几个理论和政策问题》,《中国农村经济》2015年第2期。
② 国务院发展研究中心农村部:《集体所有制下的产权重构》,中国发展出版社2015年版。
③ 陈锡文:在2017年全国"两会"记者会上的讲话,2017年3月9日。
④ 韩俊:《农村集体产权改革》,在推进农村集体产权制度改革加强农村集体资产监管立法研讨会上的报告,2017年4月22日。
⑤ 陈建荣:《苏州探索和推进农村集体产权制度改革的实践与思考》,"清华三农论坛2017",2017年1月6日。

城市化地区已撤制村组的地方,对入股股民的股权应实行静态、基本封闭的管理模式。二是对农村地区村委会和村集体经济组织都还共同存在的地方,其股权(份额)可实行动态管理模式,待撤制村组时,可及时锁定基数,实行静态固化管理。从各地探索集体资产股权有偿退出与继承的经验看,①必须严格限制股权的有偿转让,除内部股民自由转让外,不允许外来人员受让本公司股权;防止内部股民恶意买卖股权;内部股民股权转让、亲人间的继承或赠予必须经个人或家庭申请、董事会同意、双方签字确认、司法公证(家庭成员增减属家庭内部结构变化的事情,由家庭内部协商确定)。

农民获得的集体资产股权,从权能完整的角度讲,不仅应有占有、收益的权能,而且应有处分的权能,也就是可以抵押、担保、转让、继承。对于这六项权利,法律规定各有不同,地方实践深浅有别,因此需要区分各地情况分类指导,有序推进。

第一节　集体经济资产股权权能法理分析

一、占有权和收益权

占有权是成员权的具体体现,收益权则是占有权在某种程度上的延续,这两种权力彼此依存,不可分割。目前,《民法通则》和《物权法》对财产所有权人的占有权、收益权有明文规定。下一阶段改革的重点是在所有开展股份合作制改革,将资产折股量化到人、落实到户的地区,全面赋予农民对集体资产股份的占有权和收益权,建立健全农村集体资产股权证书管理、台账管理和收益分配制度。

---

① 2017年12月,全国29个试点地区完成了为期三年的改革试点任务,六项权能改革取得阶段性成效。

二、有偿退出权和继承权

现行法律对农村集体资产股份的有偿退出权和继承权没有明确规定，各地实践中也存在一定差异。有偿退出和继承究竟行还是不行，要看本集体经济组织的章程，看大家的意愿，有的地方可以，有的地方只能转让给本集体成员，有的地方继承是天经地义的，也有地方不让继承。下一阶段改革的重点是选择有条件的地方探索赋予这两项权利。其中，有偿退出权重点是探索有偿退出的范围。如果集体资产股份只能在本集体范围内退出，则有限范围势必导致退出价格偏低，侵害农民利益；如果允许在更大范围内退出，则农民可能获得更高收益，但同时也可能带来冲击集体经济的风险。如何寻找最佳平衡点需要深入研究，审慎实践。继承权重点是探索具备法定继承人资格，但不是集体成员的人员继承集体资产股份的规则。不允许这类人员继承，可能会影响农村社会和谐稳定；允许这类人员继承，又可能会对农村集体经济组织的社区性产生影响。因此，要妥善解决这个问题，可借鉴日本农协设定正会员与准会员的原理予以界定和明确原成员和继承者的权利与义务，在操作过程中，则必须尊重农民意愿，履行民主程序。

三、抵押权和担保权

从法律角度来看，抵押属于担保的一种形式，因此抵押权和担保权本质上属于一类权利。《物权法》和《担保法》对集体资产股份抵押、担保没有明确规定，属于法律空白，开展试点探索也不需要法律授权。但考虑到抵押、担保后，如果成员无力偿还贷款，金融机构处置股份时可能会对集体经济的产权结构、农村社会的社会结构带来影响，因此探索赋予这两项权能必须慎重、审慎、稳妥。而且，集体资产股份抵押担保的只能是收益分配权，并非股份上的全部权利，对其处置相对于土地经营权情况更加复杂，失控风险程度更高，因此，这方面的探索一定要经当地农业部门会同中国人民银行分支机构、中国银保监会派出机构批准，在限定范围内施行，确保封闭运行、风险可控。

■ 第二节　集体资产股权继承权和股权管理

法律法规规定了农民对农地的成员权，其中隐含的"天赋地权"思想，是一种个人权利，随着成员的离开或去世，这种权利就消亡。另外，法律法规又涉及农民对农地的用益物权，其中隐含的是"生不增、死不减"的财产权利原则。实践中个人权利与财产权利必然会出现冲突。如何解决这个矛盾，笔者赞同张晓山的观点[①]，将农村集体经济组织的单个成员权利转化为以农户为单位的成员权利，将集体经济组织农户成员对该组织土地承包经营权和其他集体资产的权利固化到某一个时点，使成员权与财产权利相统一。

集体资产股权可以以户为单位实行集体经济组织成员继承，总的原则是让农民能够带着集体资产进城，持有集体资产股权者一样可以成为完全意义上的市民。

在资产股权管理方面，各地都有不同的实践。主要有两种模式，随人口变动而调整股权的动态管理模式，以及不随人口变动调整股权的静态管理模式。从全国范围来看，只有少部分地区实行动态管理模式，大部分完成改革的农村集体经济组织都实行了"生不增、死不减、入不增、出不减"的股权固化管理模式。广东南海在农村集体资产股份制改革中，提出"确权到户、户内共享、社内流转、长久不变"的改革措施，倡导户内股权均等化，明确以户为单位进行股权登记和收益分红，明晰了集体产权归属和股权配置方式。上海市闵行区七宝镇制定了股权管理指导意见，重点对改革基准日之后新生人员和新增人员的入股、配送股

---

① 张晓山：《农村集体产权制度改革的几个理论和政策问题》，《农民日报》，2015年6月20日。

等问题作出了具体规定,并制定了股权分割协议、退股协议书、赠与承诺书等统一文本,以进一步规范股权管理。

浙江省宁波市江东区赋予农民对集体资产股份继承权。被继承人死亡后,暂停其股权分红,红利由集体保管;继承人一般应在被继承人死亡后六十日内依照有关规定办理股权继承手续,待办妥股权继承手续后,补发股权红利。股权继承,根据《继承法》的规定,在没有遗赠、扶养协议及书面遗嘱时,按照法定顺序继承。有遗赠扶养协议的人,按照遗赠扶养协议,可以取得相应股权。无法定继承人,也没有扶养的人,且被继承人生前无遗嘱、无遗赠扶养协议的,在被继承人死亡后,其所持有股份收回归股份经济合作社集体所有。股权继承时,应到公证处办理公证手续(见图 5-1)。

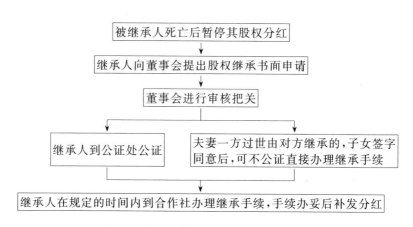

图 5-1 农民集体资产股权继承操作流程

江苏省苏州市对改制后的股权管理倡导实行静态固化,从 2015 年起实行股权固化改革,将原村级集体资产,按照一定标准将股权份额量化给集体经济组织,实行股权量化到人、固化到户,以户为单位"增人不增股、减人不减股",不因家庭成员户籍、人口发生变化而调整股权,让农民拥有长久稳定的集体资产收益权利。

对于如何选择股权管理模式,笔者认为需要把握的核心问题是在起点公平基础上如何更多体现效率。可区分两种情况：一是在城市化地区已撤制村组的地方，对入股股东的股权应实行静态、基本封闭的管理模式，即不随人口增减变化而调整，而是在每次换届时作适当的微调，也就是内部转让、继承和赠与，每年提出股权转让、继承、赠与的人数不多。从经验看，必须严格限制股权的有偿转让，除内部股民自由转让外，不允许外来人员受让本公司股权；防止内部股东恶意买卖股权；内部股东股权转让、亲人间的继承或赠与必须经个人或家庭申请、董事会同意、双方签字确认、司法公证（家庭成员增减属家庭内部结构变化，由家庭内部协商确定）。二是对农村地区村一级组织都还共同存在的地方，其股权（实质是份额）可实行动态管理模式（因为有些资产都属资源性资产，价值尚未真正体现），待撤制村组时，应锁定基数，实行静态固化管理。

严格意义上说，原始资产都是由土改之后入社的原始农村集体经济组织成员拥有及其后代继承，只要他没有退出或转让股份，可以永远拥有（通过继承的办法）。对集体资产股份继承可借鉴日本农协正会员与准会员的概念，可分正社员与准社员，其职责、权利和义务应有所不同，并在章程中予以明确。

对这一项工作，农业农村部部署在全国 29 个试验区进行试点。据调查，至 2018 年 6 月，已有 24 个改革试验区出台了集体资产股份继承权的相关办法，辽宁省海城市、青海省湟中县等 5 个试验区没有出台相关办法。

2016 年上海市闵行区出台《闵行区村集体经济组织股权管理暂行办法》（闵府发〔2016〕20 号），对继承权作出如下规定：法定继承人为本集体经济组织成员的，按照法定顺序继承股权。法定继承人为非本集体经济组织成员，被继承人所持股权原则上由本集体经济组织回购或转让给集体经济组织其他成员。如继承，继承的权属受限。无法定继承人的，被继承人所持股权归集体经济组织所有。法定继承人一般应在被继承人死亡后六十日内,依照有关规定办理股权继承手续。股权继承一般遵循以下程序:法定继承人向理(董)事会提出书面继承申请。理(董)事会进行审核把关。法定继承人持相关资料到公证机构公证或到村集体经济组织见证,由公证机构出具公证文书或村集体经济组织出具证明材料;若已经司法判决或调解的,法定继承人能够提供确认股权继承人股权的判决书(调解书),则无需再证明。法定继承人凭公证文书或村集体经济组织证明材料或司法判决书(调解书),到村集体经济组织办理股权继承手续,进行股权变更登记。股权继承时,法定继承人应提交公证机构或村集体经济组织出具的被继承人死亡或宣告死亡的有效证明材料,以及被继承人的股权证书。存在多名法定继承人的,需提供多名法定继承人的股权证书。在总结上海市闵行区试点经验后,2017 年 11 月 23 日上海出台的《上海市农村集体资产监督管理条例》将集体资产股权管理以法规形式予以固化。第二章权属确认第十一条规定农村集体资产份额可以依法继承。农村集体经济组织成员以外的人员通过继承取得份额的,不享有表决权,但农村集体经济组织章程另有规定的除外。通过份额量化或者转让、赠与、继承等方式持有农村集体资产份额的,持有的总份额不得超过农村集体经济组织章程规定的上限。

北京市大兴区在完成整建制农转非且资产清晰的股权固化村中,开展了股权家庭内部继承试点。规定在成员股东死亡后,股份可以继承,且不受上限限制。继承人为本集体经济组织成员的,可按其所持股份获取收益,但不因受让股份而增加其投票表决权,依然一人一票;继承人为非本集体经济组织成员的,其权利义务由本村集体经济组织章程规定。实践中,大多数村规定非成员继承人只享受收益权,不享受民主管理权;无继承人的,被继承人所持股份列入集体股;暂时无法确定继承人的,股份由农村集体经济组织暂时保管,股份分配暂停发放;如存在多名继承人的,也可在协商一致前提下,由一人代表继承。

山西省潞城市规定因继承、赠与成为股东但是不符合成员资格的，只享受收益权，不享受民主权利。同时强调只有申请登记为成员的，才可享受民主权利。

贵州省湄潭县规定股权可继承，股权继承人依据《继承法》相关规定确定。[①]

据调查，全国29个试验区中有5个地区开展了集体资产股权继承权试验：上海市闵行区30个村6494人开展了股权继承，涉及金额31175万元；浙江省德清县已有2553户中的家庭成员通过规范的程序继承了股权；北京大兴区51个村发生股权继承2065人，继承金额17795万元；广东省佛山市南海区发生继承240宗，股份数达1242.3股；重庆市梁平县6户7名去世成员，其继承人均按程序办理了股权继承。其他地区均未实际开展。

第三节　集体资产股份流转和有偿退出

目前，全国各地实行集体资产股份流转和有偿退出的很少。宁波市对村集体土地基本被征用、已完成撤村建居、旧村改造、社会保障和社会事务管理与城市完全接轨的股份经济合作社（或村集体经济组织），在充分尊重绝大多数成员意愿的基础上，通过实施公司化改造或资产清算，探索市场化改革或有序退出机制。通过优化资产结构，在资产评估基础上，通过拍卖、转让等手段，在股东内部进行公开竞价，实施股权重组，建成一个或若干个具有市场主体地位的公司制法人实体。新组建法人实体在设立之初原则上只局限于原股东，成立后实行公司化运作，股权可转让。股权转让需签订转让格式合同，经股东代表大会公证后实行登记过户。对无力实施公司化改革的股份社，经股东代表

---

① 我们认为农村集体资产有其特殊性，将集体资产股权继承按照《继承法》实施是不妥当的。

提议,全体股东投票决定,乡镇(街道)同意,并履行清算、公告手续后,合作社实行终止退出(见图5-2)。2015年5月,全市已有6个股份合作制全部退出,如余姚市兰江街道南郊股份社、江北区庄桥街道邵家股份社等。

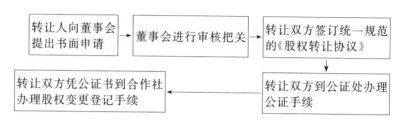

图5-2 农民集体资产股权转让操作程序

农业农村部对这项工作也作出了制度安排,全国有29个试验区进行了试点。据调查,至2018年3月,已有24个改革试验区出台了集体资产股份有偿退出的相关办法。

2016年,上海市闵行区在全国率先出台了《闵行区村集体经济组织股权管理暂行办法》(闵府发〔2016〕20号),对有偿退出做出如下规定:村集体经济组织章程中对有偿退出要有明确规定,经上一级集资委批准,方可实行股权有偿退出。有偿退出的程序,本人提出申请,经成员代表会议讨论通过实行股权有偿退出的,由集体经济组织按上年度末审计的账面净资产进行计退。同时,暂行办法规定因大病、火灾、车祸或其他不可预见灾难等特殊情况退出股权的成员享有回购权,回购价格按上年度末审计的账面净资产回购。在总结闵行区试点经验后,上海市于2017年11月23日出台了《上海市农村集体资产监督管理条例》,将集体资产股权管理以法规形式予以固化。其中,第二章权属确认的第十一条对有偿退出(转让)做出明确规定:农村集体资产份额可以在本集体经济组织成员之间转让、赠与,也可以由本集体经济组织赎回,但不得向本集体经济组织成员以外的人员转让、赠与。通过份额量化或者转让、赠与、继承等方式持有农村集体资产份额的,持有的总份额不得超过农村集体经济组织章程规定的上限。

北京市大兴区较早对有偿退出作出规定,明确有偿退出现阶段应严格限定在本集体经济组织内部,退出主要有股东个人内部转让和集体赎回两种方式。内部转让可以股东股份全部转让,也可以是部分转让;股东股份全部转让后,其股东资格自行终止。成员股东之间转让,协商定价受让人持股份额采取上限控制。受让人最终所持有的总股份,不能超过本组织总股份的 3%,且不能超过个人股东平均股份的 5 倍。受让人按其所持股份获取收益,但不能因受让股份而增加其投票表决权,依然一人一票。转让程序要求:成员内部转让由董事会指派专人审核,要求转让双方提供有关证明材料,办理相关手续。在例行的股东代表大会上,董事会应将股份转让情况列入事项报告,向股东代表作出说明。目前大兴区不提倡采取集体赎回股份的方式。规定仅因全家定居国外,或发生大病、大灾、车祸和其他不可预见灾难等特殊情况,可暂时采取集体赎回方式,原则上价格按照股份获得时的原始价格。

与闵行、大兴等试验区相同,浙江省德清县股权退出的方式分为集体回购和内部转让两种。德清县既对股权转让方作了规定又对村集体经济组织进行了规定。规定股权转让方必须有固定住所、稳定收入并办理社保;单个股东转让的股权不得超过本村集体经济组织股份总数的 3%;同一年内转让的股份总量不得超过股份总数的 10%。同时规定村集体经济组织流动资金占总资产 10%以上,且近三年经营性收入年均增幅达 5%以上时才可开展集体赎回。

综观制定有偿退出政策的试验区,各地对股权有偿退出(转让)上限均有规定,但标准有所不同:福建省闽侯县要求同一股权户受让股权后享有的股份数额不得超过本集体个人股总数 5%;宁夏回族自治区银川市金凤区、北京市大兴区、浙江省德清县均要求受让人最终所持有的总股份不能超过本集体经济组织总股份的 3%;云南省大理市、湖北省京山县、山东省昌乐县要求受让方所持个人股比例不得突破总股本的 5％；天津市宝坻区要求受让方占有的股权比重不得超过本集体经济组织股权总量的 10％。

据调查，虽然有些省市制定了集体资产股份有偿退出管理办法，但真正实施的并不多。上海市闵行区有 6 个镇 17 个村 2291 人开展了股权有偿退出，退出金额 7938 万元；广东省佛山市南海区转让 18 宗，股权数 99 股；赠与 35 宗，股权数 263 股。其他地区均未实际开展。

全国各地探索股权转让和退出的之所以很少，主要原因：一是股权流转受制约。股权主要功能被视作分配的依据，从而导致股权在现实中难以流转起来。二是经营机制搞活受制约。农民对经营风险存在强烈的回避心理，发展活力不足；董事会成员等经营管理者一般只能拿到由上级政府核定的工资薪酬，缺乏开拓创新的物质利益激励。三是经营人才素质受制约。董事会成员大都是原村社班子人员，经营能力普遍偏低。四是农村产权流转交易平台建设滞后。

应该说，在社会主义市场经济体制下，只有集体资产股权自由流转和有偿退出，才能实现生产要素的优化组合，才能体现农民所持集体资产股份的价值，也才能显现它们作为生产要素的潜在市场价值。如果仅对集体资产确权，而不允许其股权流转和有偿退出，那么，量化的集体资产就只能是"僵化的资产"，不能与其他要素实现优化组合，也不能像其他产权一样产生增值的效能。因此，改革的思路是要以确定"集体成员"为突破口，解决集体资产量化的成员边界问题。要在确定公平起点的基础上，发挥市场在资源配置中的决定性作用，淡化成员权、强化股东契约权。弱化农户作为集体经济组织成员的所有者的角色，强化其作为资源要素所有者和要素贡献者的角色。因此，从长远看，为充分发挥集体资产股份自由流转的效应，应该赋予其流转和有偿退出的权能。未来对农村集体资产股权可根据集体经济组织的发展现状、自身条件等因素，探寻一条最适合的退出道路，最大限度地盘活和发挥集体资产的作用。即未来集体经济的发展方向应是从封闭走向开放,从固化走向流动。如对于各方面均不占据优势的集体经济,宜采取直接破产方式退出市场竞争;具有某些优势,但难以为继的,可突出其优势,采取资产重组、进行股份制改革等方式,实现退出转型。当然在实行退出机制时,还要配套完善集体经济组织退出相关政策法规。诸如出台帮扶政策,如:财政、税务、房产、土地、劳动社保和工商等部门采取一些相应措施,支持农村集体企业改制,再如将集体经济组织破产纳入政府破产计划,实施与国有企业相类同的破产政策等。

当然,正如前文所述,需要提出的是,考虑到当前中国农村社会的开放程度和农村集体经济组织产权制度改革的发展状况,笔者认为,目前农村集体资产股份可在本集体经济组织内部转让,全面对外流转的条件尚不具备,集体资产股份有偿退出应有条件试行。这是因为改制后的农村集体经济组织,其成员所获得的股权,大多还是福利性质的,在很大程度上还承担着农村社会保障的职能,农村集体经济组织成员也没有将集体资产股权对外流转的意愿。加之目前大部分地方未将土地资源纳入改制的范围,农村集体资产的价值并未完全显现。为了切实保护农村集体经济组织成员的资产收益权,确保农村集体资产保值增值,现阶段农村集体资产股权不宜对外开放流转,在本集体经济内部流转或由本集体赎回,以防止外来资金进入后控股农村集体经济。当然,将来随着城市化、市场化程度加大,农村集体资产价值不断显现,股权流转制度不断健全,可以像浙江省宁波市一样在风险可控的前提下试行农村集体资产股权对外开放流转,逐步探索生产要素的流动方式。

第四节 集体资产股权抵押和担保

为盘活农民手中的"沉睡资本",2009年起,宁波市江东、江北等区先行先试,在征求股权代表大会同意的基础上,坚持方便、优惠、灵活的原则,把股份经济合作社股权(主要是预期资产股权收益)纳入农村有效担保物范围,依托辖区农村金融机构,建立股权融资平台,制定具体操作办法,建立风险防范机制,允许农民利用股权开展抵押贷款融资,切实解决农民生产生活资金需求。在具体操作时,江东区与农村信用社协商后,明确股民可以按照自己股权所占资产进行1∶1的比例获得抵押贷款,已有100多人试行了股权抵押融资,合计融资了3000多万元,最高融资额达37万元。江北区实行股东股权(主要是预期资产股权收益)所占资产总额的70%比例获得抵押贷款,同时由财政建立抵押贷款风险基金,承担一定比例的不良贷款风险,并根据贷款额度对信用社开展奖励。

宁波市农村股份经济合作社开展股权融资的主要形式是股权质押贷款,由宁波市市区农村信用合作社对符合条件的自然人发放,用于个人消费或从事合法生产、经营、投资的资金需求,并以借款人或第三人持有的股份经济合作社股权作质押,可以在股权质押登记有效期内循环使用。允许办理质押的股权主要是已完成股份合作制改造的股份经济合作社的股权。

股权质押贷款于2008年起在江北区开始实施,2013年起开始在江东区推广。股权质押贷款期限为一年,贷款用途主要集中在装修、购农资等生产经营用途。主要做法如下:

一、明确准入门槛

股份经济合作社准入条件:一是必须是宁波市老三区已完成股份经济合作制改造的股份经济合作社;二是股份经济合作社股东代表大会必须就"股权质押贷款合作协议"达成一致,同意向市区联社下辖信用社办理股权质押贷款;三是通过召开村民代表大会,修改"股权不得抵押、流转"条款,并由开办该项业务的村和信用社签订协议,明确操作流程和细则,约定在股权质押贷款产生风险后由本村回购股权。

申请借款人准入条件:申请借款人为具有完全民事行为能力的,有一定收入来源,年龄在18—60周岁的拥有股份所有权的自然人。提供股权质押的可以是借款人本人也可以是拥有股权的第三人。

二、股权资产评估与认定

股权资产评估:股份经济合作社股权质押贷款首先是股份经济合作社向信用社申请集体授信,联社根据信用社对股份经济合作社的生产经营状况、资产状况、发展前景等因素进行评估分析,确定对经济合作社的整体授信额度与每股价值。在当前集体资产普遍存在账面低估的情况下,市区联社与区政府、街道(镇)、村等主体共同协商,以客观评价集体资产价值。

三、股权抵押办理

首先由各村召开股东代表大会,通过并授权与信用社签订"股权质押贷款合作协议"决议,然后用信用社审核后双方签订合作协议,信用社以每个村的总授信额度授信给各个村。

当农民办理贷款时,贷款人先带齐包括股权证在内的各项资料向信用社申请贷款,再到所在村办理统一质押登记,并由村办理股权质押登记证明书,最后与信用社签订质押借款合同,办理贷款。贷款审核发放一般需要5个工作日。

值得一提的是,关于登记机构方面,江北区指定股份经济合作社财务会计部门为股权质押登记手续的办理部门。有了区政府授信登记,保障了质押手续的有效性。即质押登记及质押凭证均由股份经济合作办理。股权质押贷款从制度研发到具体办理主要由区政府、街道(镇)、村、股份经济合作社、司法部门、法院等共同参与支持。具体操作流程如图 5-3 所示。

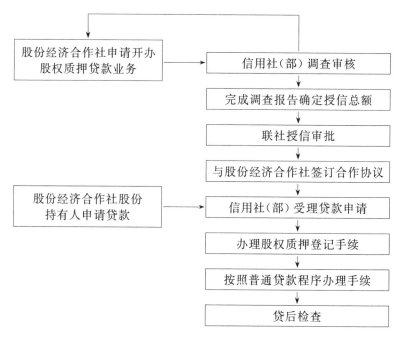

图 5-3　股权质押贷款操作流程

四、股权质押贷款不良处置

当借款人不能如约归还贷款本息时,经办社应及时依据协议约定按照以下处理方式:一是将其股权转让给股份经济合作社本社社员,优先偿还贷款本息及费用,并要求股份经济合作社配合,办理股权过户手续;二是贷款逾期三个月后,向法院起诉,经法院裁定,股份经济合作社须向经办社申请股权回购,但经办社应要求股份经济合作社先偿还贷款本息及费用。从实践操作来看,当年市区联社下辖信用社办理的股权质押在本股份经济合作社社员之间流动。虽在协议中有约定股份经济合作社回购事项,但在实际操作中,当提起诉讼,法院裁定后,由股份经济合作社回购的情况还未实际操作过。因涉及如何回购、用什么资金回购等问题,如本社成员无人受让,则往往通过每年的股金分红抵押贷款本息方式,或通过信用社与村干部共同做借款人亲戚朋友思想工作等办法来逐步收回贷款本息。

五、风险补偿机制——设立专项风险基金

股权质押贷款系属"两权一房"抵(质)押贷款专项风险基金范畴。该专项风险基金是由江北区政府出资,为确保农村"两权一房"贷款工作的顺利实施而设立的。江北区财政划拨 300 万元设立"两权一房"抵质押专项风险基金,作为贷款损失的补偿。

具体规定:当某一借款人的股权质押贷款发生逾期,市区联社需书面通知区农民债权纠纷人民调解委员会,经人民调解委员会调解后仍无法偿还,可以逾期三个月后,由市区联社承办信用社向区人民法院提起诉讼。

经诉讼,借款人仍未清偿债务的,信用社根据人民法院生效判决,向法院提出申请,进入执行程序。若因借款人经人民法院执行而确无财产可供执行,并由人民法院执行终结的,信用社可将因此受损情况报区财政局、区农办。区财政局、区农办将诉讼情况报农村"两权一房"抵(质)押贷款领导小组,经分管领导审批,按照实际损失资金的 15% 补偿信用社。

信用社在执行终结后又发现贷款人可供执行财产的,应当申请人民法院恢复执行,信用社在依法受偿后应当将原专项风险资金中的 15% 损失补偿部分返还专项风险基金。情况特殊的,上报农村"两权一房"抵(质)押贷款领导小组讨论,另行商定补偿额度。

与宁波市一样,浙江省湖州市德清县也在进行同样的探索,2014年 12 月,德清县农业局与德清农村商业银行出台文件,对股份经济合作社股权实行质押贷款。

从几年来的实践情况看,抵押担保的风险是非常可控的,因为股份经济合作社的经济状况较好,即使出现贷款风险完全能够通过股权转

让、分红收益来弥补。

■ 第五节　农村集体资产产权交易

可以依托各级农村集体资产管理、土地承包经营权流转管理等平台，开展农村土地承包经营权及农村土地相关权益、农村集体经济组织所有的实物资产及无形资产，以及非集体经济组织的企业、农民合作社和个人所持有的股权、资产、知识产权等产权流转交易。农村产权流转交易市场建设要以保障农民和农村集体经济组织的财产权益为根本，以规范流转交易行为和完善服务功能为重点，发展多种形式的农村产权交易市场，使农村产权流转交易市场体系能够适应交易主体、目的和方式多样化的需求，逐步发展成全市集信息发布、产权交易、法律咨询、资产评估、抵押融资等为一体的为农综合服务体系，为农户、农民合作社、农村集体经济组织等主体流转交易产权提供便利服务和制度保障。

目前，我国农村集体资产产权市场建设尚处于起步阶段。现阶段建设过程中应遵循以下基本原则：一是坚持公益性为主。必须坚持为农服务宗旨，突出公益性，引导、规范和扶持农村产权流转交易市场发展，充分发挥其服务农村改革发展的重要作用。二是坚持公开公正规范。在产权流转交易过程中，必须坚持公开透明、自主交易、公平竞争、规范有序，严格按照法律法规及各项政策办事，严禁违法违规交易行为，保障农民和农村集体经济组织财产权益。三是坚持因地制宜。各地必须从实际出发，结合实际，统筹规划，合理布局，不搞强迫命令，不搞"一刀切"。四是坚持稳步推进。充分利用和完善现有农村集体资产产权市场，如上海农村产权流转交易市场，在开展试点的基础上，总结经验，拓展功能，分步实施，循序渐进，不急于求成，不片面追求速度和规模。

■ 第六节　农村集体产权股份合作制改革方向

当前和今后一个时期,我国农村集体产权制度改革的主要任务:一是分权。没有分权的,抓紧分权;已经分权的,要规范分权。二是赋权。赋予各类集体资产用益物权人的部分处分权。三是活权。建立农村产权流转交易市场及交易规则。四是保权。固化和保障农村集体经济组织成员权利。

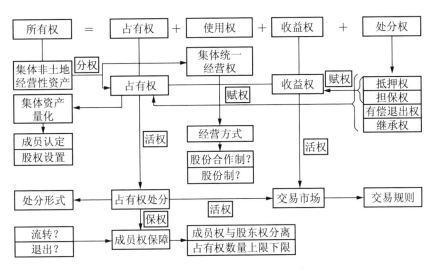

图 5-4　农村集体资产股权权能示意图

其中,农村集体产权制度改革最深层问题是占有权变更形式问题。多年来的实践证明最有效的办法是将股份制的股权管理办法引入合作制领域。即在坚持合作经济基本原则和总体框架的基础上,将股份制的股份管理办法引入合作制中。集体经济组织成员可以按照合作制原则,将其拥有的按份共有集体资产占有权有偿退出给本集体经济组织,也可以按市场化原则,流转给其他主体。同等情况下,优先流转给本集体经济组织成员。只有这样,既使按份共有集体资产能够进入市场自由流转，又使流出集体资产的农民获得更多利益。

从各地的实践看，当前各地对集体资产股权流转、抵押、担保、继承等权能，无论是经济发达村社还是薄弱村社，股东普遍不愿、不敢流出股权。为此，当前首要的任务是要引导目前实行动态管理的股权向静态管理转变，这是赋权活权的基本前提，要因地制宜积极探索研究制定股权流转、抵押机制，在现阶段股权的流转、抵押须经股份经济合作社同意。在股权流转上，对城市化和公司化治理水平较高的股份经济合作社，允许各类股权在社内外流转，在同等条件下优先流转给社内股东；对完全农村地区的股份经济合作社，人口股流转一般以社内为主，审慎向社外流转。在股权抵押融资上，主要是那些拥有可观、稳定、可持续分红的股份经济合作社，可用股份分红（主要是预期资产股权收益）作为偿还贷款的保证。

对未来农村集体产权股份合作制改革方向，浙江省宁波市作了有益的探索：该市在深度城市化地区创新股份合作社经营管理模式，将原有集体资产分成若干小块成立项目分社，合作社股东的股权依股数分解到各块项目分社中，实行总社和分社统分结合双层运行机制，总社主要承担指导、协调、监督和服务职责，分社承担分块资产的经营和收益分配，并实行独立核算、自负盈亏。分社资产引入竞争机制，公开竞标，实行承包经营或委托经营，实现所有权与经营权相分离；实行决策分块实施，对不同的资产、不同的项目进行分块决策、分块实施，"一人一票"决策与"一股一票"有机结合，让每块资产的每一个股东都有更直接的发言权、选择权和决策权，实现经营收益与经营风险相统一；引入项目发起人制度，凡属合作社新增的投资项目，实行项目发起人制度。

笔者认为，要坚持分类推进，把握农村集体产权股份合作制改革的历史要求，对全面完成改革后的经济合作社，因地制宜、分类指导做好改革深化的文章。

第一类，高度城市化区域的经济合作社。可逐步探索向股份有限公司及相应法人治理模式转型,走向现代企业,特别是对于土地已全部征用,农民社会保障已全部落实的,可探索让资源、股权等充分流动,有条件的可引入其他市场主体合作发展;个别资产量极少的经民主决策和上级批准,也完全可终止解散。

第二类,即将城镇化区域的经济合作社。根据撤村建居和公共服务均等覆盖的进程,有序推进"政社分离""政经分离",待完全城市化后走第一类股份经济合作社发展路子。

第三类,将长期处于农村地区的经济合作社。要牢牢坚持和稳定完善农村基本经营制度的底线,重在创新和完善经营治理机制,建立份额制的集体经济改革模式,多措并举发展壮大集体经济,促进农村集体经济保值增值,让农民得到实惠。

实现农村集体资产股份权能是一个较漫长的过程。笔者认为,对面上来讲,现阶段重点是用好并管好集体资产,既要防止在改革中少数人对集体经济的控制和占用,也要防止集体经济被社会资本所吞噬。今后,随着农村集体资产价值不断显现、随着法律法规不断健全,可不断加大改革力度,引入现代企业制度和市场主体,充分完善集体经济资产股份权能。

由于农村集体经济组织产权制度改革涉及中国基本经济制度和农村基本经营制度,涉及经济、法律和社会的方方面面,涉及不同主体的利益诉求,问题十分复杂,必须区别不同情况,因地制宜分类推进。

一是统筹兼顾各方利益。推进农村集体经济组织产权制度改革,核心是要在国家、集体与成员之间合理分割集体资产的产权。在国家与集体之间,重点是按照规划和用途管制的要求,赋予农村集体经营性建设用地直接进入城乡统一的建设用地市场的权能;改革征地制度,缩小征地范围,赋予农村集体更大的土地发展权。在集体与成员之间,重点是赋予成员对承包地更完整的权能、对集体资产股份更大的权能、对宅基地和住房财产权更充分的权能。

二是分类推进资源资产改革。农村集体资产类型多样，包括土地等资源性资产、学校等公益性资产、厂房等经营性资产。改革的思路应是将集体土地所有权从"虚置"到"坐实"，探索不同类型土地、不同农村地区土地所有权权能的不同实现形式。由于各类集体资产产权制度改革进展不一、要求各异，必须分类推进。土地不能实行私人所有，各类集体土地的产权制度改革重在寻找更有效的集体所有制实现形式，在国家、集体、成员之间重新分割占有、使用、收益、处分权能。对公益性资产，重点是探索有利于降低运行成本、提高服务效能的管理模式。经营性资产的可变现、可分割、可交易性更高，可以实行灵活多样的改制模式，对物业、集体经营性建设用地使用权等以租赁经营为主、收益稳定而透明的集体资产，可实行股份合作制改革，在维持集体统一经营与明晰成员权利之间达成新的平衡；对征地补偿费等现金资产，可以探索直接分配给集体成员。

三是因地制宜指导改革。各地农村发展不平衡，有些地方除土地外没有其他集体资产、土地增值空间很小，有些地方经营性资产较多、土地增值潜力较大，必须因地制宜推进农村集体经济组织产权制度改革。一般农区主要是对各类土地资产和农民住房财产进行确权登记颁证，完善承包地经营权流转制度，建立集体成员认定制度。城郊地区集体资产产权制度改革任务较重，既要对经营性资产进行全面清产核资、折股量化到人，也要对各类土地资产进行改革，而且土地产权制度改革的侧重点也有别于一般农区。在土地已全部城市化、集体成员已全部市民化、社区公共产品已全部由政府承担，集体成员对集体资产管理意见较大、问题较多的城市化地区，集体所有制的存在逻辑不复存在，改革的尺度可以更大些。

第 六 章
促进农村集体经济可持续发展的模式选择

发展新型集体经济,增加农民财产性收入,让广大农民分享改革发展成果,是农村集体产权制度改革的出发点和落脚点。这里的新型集体经济,是成员边界清晰、产权关系明确的集体经济,是集体优越性与个人积极性有效结合的集体经济,是更具发展活力和凝聚力的集体经济。在实践中,一些地方结合自身特点,探索了发展新型集体经济的多种途径,让农民从集体收益中获得更多财产性收入,得到了广大群众的拥护和支持。

■ 第一节 农村集体经济发展的现状及特殊性

实践证明,发展新型集体经济,需要借助农村集体产权制度改革来实现。各试点单位要充分利用清产核资、股份量化、设立股份合作组织等改革成果,开阔视野,创新思路,着力发展壮大新型集体经济。要不断丰富新型集体经济发展路径,通过农村集体产权制度改革,创新农村集体经济运行机制,探索通过资源开发型、物业租赁型、资产盘活型、乡村旅游型、农业生产型、联合发展型等多种形式发展集体经济,壮大集体经济实力。要充分利用各项扶持政策,落实支持农村集体产权制度改革的有关契税、印花税政策,用好政府拨款、减免税费等形成的资产

87

归农村集体经济组织所有的政策,完善金融机构对农村集体经济组织的融资、担保政策,细化统筹安排农村集体经济组织发展所需用地政策,为发展新型集体经济营造良好的环境。

当前农村集体经济在发展方面面临较多困境,急需加强扶持。一是发展空间小。在城郊地区,受规划管控的部分村社在城镇规划上无项目安排,不符合规划的物业却需拆除,改造提升难;村级留用地政策在基层尚未有效实施,已实施的地方指标少、落实难,办理手续时间跨度长;在农村地区,则普遍缺乏兴建物业项目的区位优势。二是社会负担重。在"撤村建居"社区,公共财政未能及时均等覆盖,公共服务方面的开支占股份经济合作社总支出的比重较大。三是分配要求高。原社员变股东后,分配意识不断强化乃至膨胀;部分村社干部为"凝聚"人气和在换届中能继续当选,存在实施超收益分配或无收益分配的冲动。

需要指出的是,特殊的使命决定了农村集体经济无法承受巨额亏损或破产。市场经济条件下,农村集体经济组织直接进入风险大、收益不稳的竞争性领域和产业,将会面临较大的经济、政治和社会风险。因此,客观情况要求发展新型农村集体经济必须转变传统做法,坚持走风险小、收益稳的经营之路,逐步退出竞争性领域和产业。通过盘活集体资金资产资源,发展以资本经营、资产资源租赁和承包经营等为主的服务行业,重点发展标准化厂房、打工楼、商业用房等物业经济,既能为集体增加稳定持久的收入,又能为其他市场主体搭建发展平台,有利于多种所有制经济共同发展,共同繁荣农村经济。有条件的地方,还可以参照日本农协、我国台湾地区农会的做法,联合发展成资本运作的企业集团,培育成综合化市场主体,稳步提升集体经济实力。

■ 第二节　农村集体经济发展的现有模式

发展壮大农村集体经济,应当根据地理区位、资源禀赋以及当地经济社会发展状况,创新发展路径,丰富集体经济发展新形态。

上海市农村集体经济重点发展四条路径:

一是积极参与市场运行,促进集体经济发展。这种形式主要是改变完全按农村经济运行的方式,参与市场经济运行和竞争。在风险可控的前提下,以镇一级为单位利用自有土地、物业等资源优势,引入其他市场主体,共同发展集体经济,或利用自有货币资产参与区域内外其他项目的开发建设。松江区新桥镇在 2006 年由镇集体资产经营公司出资 4000 万元,与漕河泾开发区共同成立上海漕河泾开发区松江高科技园区发展有限公司,占注册资本的 40%,对漕河泾在新桥的园区进行开发和招商。2012 年,漕河泾创新广场、科技广场 28.7 万平方米楼宇提前结构封顶,完成期房招商 2 万平方米,现房租售率达 99%,园区实现产值 37 亿元,给镇集体资产带来了 2200 万元"红利"。2013 年年底,漕河泾松江高科技园区又给新桥镇资产公司带来不少于 3000 万元"红利"。农村集体资产入股高科技园,获得了稳定的高回报。镇资产公司在漕河泾松江高科技园的账面资本已达近 2 亿元,预计到高科技园区 240 亩土地上的所有项目投产后,农民集体经济组织有望拥有 20 亿元资产。

二是探索土地制度改革促进集体经济发展。这种形式主要是改变现有征地后仅获得经济补偿的方式,参照征地留用地政策和征地留房方式,留给集体经济组织一定的土地或物业用于发展集体经济。颛桥镇率先实行征地留用地试点,为村集体经济发展预留了发展留用地。颛桥镇新编制的单元规划共 32 平方公里,其中为镇村预留了 386.5 亩土地用于农民增收,这些预留的土地不走出让途径,仍为集体建设用地,定向用于集体经济发展。例如,智慧城规划面积 2 平方公里,其中为镇村集体经济发展预留了 140 亩土地。由于征地留用地政策在实际操作中遇到诸多制约因素,闵行区莘庄镇结合莘庄商务区开发探索物业回购的"留房"方式,在出让土地时,要求受让单位无偿提供一定数量的商办房产(受土地出让相关规定约束,出让合同中为公益性用途)给新集体经济实体。新经济实体 10 万平方米房产，每年租金收入达 1.1 亿元，基本保证了全镇征地农民持续收入来源。闵行区七宝镇联明村试点用集体土地建设公共租赁房——联明雅苑，该项目总投资 9300 万元，其中村自有资金出资 1300 万元，村民出资 8000 万元，收益每年将以 7％的利率进行分红。

三是建立统一发展平台促进集体经济发展。这种形式是近年来在扶持薄弱村经济发展过程中探索的一种新形式，以区级为操作层面，建立促进农民增收的长效机制。奉贤区"百村公司"是一个成功的案例。如何使全区 100 个经济薄弱村尽快改变面貌？奉贤区改原来各村"单打独斗"为构建村级经济发展联合大平台。"百村公司"应运而生，100 个经济薄弱村分别成了公司的股东等；资产属于村里，运作在区级层面进行，各类扶贫资金和资源也改变过去的"撒胡椒面"状况，相对集中投入，以往的纯粹"输血"变成了"造血"，扶贫政策和市场化运作结合取得的红利，则由这些村的村民共享。"百村公司""百村科技公司"和"百村富民公司"的探索，将扶贫政策和市场化运作有机结合，改变了过去"村村冒烟"的低层次村级经济发展，让农村集体经济也能"进城"分享城镇化发展的"红利"，区级平台的运作也大大提升了原来村级经济的管理能力和运作水平。

四是加强资产监督管理促进集体经济发展。这种形式主要是通过加强管理出效益。松江全区农村集体经营性资产已基本实现由原镇、村、组三级管理变为镇级集体经济联合社一级管理，并重点加强以土地为主要载体的农民集体不动产资源的开发利用。原本分散的集体经营性资产由镇级统一经营管理，既改变了过去合同签订随意、租金收取不到位等现象，使集体资产经营更规范有序，同时也实现了集体资产抱团发展，促进了产业能级和发展后劲的提升。如新桥镇通过镇级统一管理物业出租的租金一年最多上调了 41％，有效地促进了集体经济收益增加。

上述方式都是改制后农村集体经济组织发展壮大集体经济的有效

途径,镇村集体经济组织应根据自身的实际情况,选择适宜的方式进行探索。相对来说,参与市场运行促进集体经济发展、探索土地制度改革促进集体经济发展等方式较适宜城市化进程较快的近郊地区,建立统一发展平台促进集体经济发展、加强资产监督管理促进集体经济发展等方式则较适宜中远郊地区。笔者认为,改革后组建的新型集体经济组织应在保障现有存量资金、资产的基础上,主要通过发展不动产、充分利用自有资源、参与合作开发等有效途径发展壮大集体经济,并进一步引入市场机制,吸引各类社会资源共同促进集体经济可持续发展。改制后的村一级集体经济组织应更注重经营好物业经济;镇一级集体经济组织应更注重统筹好自有的和所属村的资金、资产,鼓励村集体经济组织采用入股的形式参与经济开发,将农村集体拥有的各类发展资金资产和潜在优势转变为现实的增收能力,实现抱团发展。

在具体实施过程中,需要政府给予更多的关心支持。在财政政策方面,探索通过发行新农村建设中期国债、增加土地出让金投入比例、保留并扩大一事一议财政奖补资金等多种方式,加大国家财政对农村基础设施建设和公共服务的投入,逐步减少依法应由政府承担,而实际有集体经济组织承担的公共服务支出;加强对欠发达地区经济薄弱村集体经济发展扶持,支持有能力的村集体经济组织优先承担财政项目,财政投资农村形成的资产尽可能交给集体经济组织管护和经营;在土地政策方面,应当在总量控制的前提下盘活指标,让集体分享土地增值带来的收益;赋予集体自主开发使用土地资源权利,尽快建立和落实集体用地直接上市、征地留用地、征地留房留资产;在税费政策方面,在一定时间的过渡期内,应当本着能免则免、能减则减等原则,对集体经济组织的房产税、土地使用税、营业税、印花税、契税和企业所得税;在金融政策方面,由政府支持金融机构为集体经济组织发展项目提供资金支持和金融服务,同时鼓励探索农村土地承包经管权、农民股权等抵押、担保贷款方法,开展订单融资、供应链融资、存货质押、农业机械设备抵押融资等。

第 七 章

农村集体产权制度改革的地方实践*

■ 第一节 上海市的实践与探索

上海是我国城市化进程最快的地区之一,农村集体资产实现保值增值,发展势头良好。本书对上海农村集体产权制度改革实践情况作系统介绍。

上海市委、市政府高度重视农村集体经济组织产权制度改革,自20世纪90年代起就开始探索推进这项改革。近几年来,上海始终坚持维护好、实现好、发展好农民利益,坚守改革底线,注重顶层设计,创新改革形式,完善政策措施,推动农村产权制度改革有序进行,为赋予农民更多财产权利奠定了坚实的基础。

一、以还权于民为根本出发点推进农村产权制度改革

截至 2018 年年底,上海郊区有 9 个区,102 个乡镇,1577 个村,1432 万户籍人口按农业非农业分,农业人口 142.76 万人,占 10%;享受集体经济组织成员资格有 591.5 万人。拥有耕地 19.5 万公顷(292.5 万亩)。全市农村集体建设用地总量在 11.94 万公顷(179.1 万亩),占全市建设用地总量的 49.1%,其中集体公益用地总量 1.18 万公顷(17.7 万

* 本章中除上海市以外的资料,均来源于全国会议交流材料。

亩),集体经营性用地总量约 3.95 万公顷(59.2 万亩),农民宅基地用地总量 4.59 万公顷(68.9 万亩),其他建设用地 2.23 万公顷(33.5 万亩)。镇、村、组三级拥有集体总资产 4245.18 亿元,其中,镇级 3037.97 亿元,村级 1170.02 亿元,队级 37.19 亿元,分别占 71.56%、27.56% 和 0.88%;净资产 1354.80 亿元,其中,镇级 778.53 亿元,村级 552.37 亿元,组级 23.9 亿元,分别占 57.46%、40.77%、1.77%。中心城区已实现城市化的地区还有 6 个镇的集体总资产 447.78 亿元,净资产 142.25 亿元。在现有的农村集体经营性资产中,主要是农村集体经济组织对厂房、仓储、商业用房等投资形成的不动产。

（一）改革范畴

在推进农村集体产权制度改革中,上海按照中央对农村改革的总体要求,结合上海实际,在稳定农村基本经营制度和加强农村土地资源管理的前提下,重点对农村集体经营性资产进行股份合作制改革,让农民变股东,明晰产权归属,将资产折股量化到本集体经济组织成员,发展多种形式的股份合作。借鉴现代企业制度,建立健全组织治理结构,依法开展各类经营活动。按照效益决定分配原则,改制后的集体经济组织成员享受收益分配。

（二）改革历程

上海开展农村集体经济组织产权制度改革大致经历了三个阶段:

一是探索阶段:从 20 世纪 90 年代至 2010 年。20 世纪 80 年代末、90 年代初,为适应社会主义市场经济体制需要,上海近郊普陀区长征镇红旗村、闵行区虹桥镇虹五村等在全国率先实行了村级集体经济股份合作制改革,将集体资产以股权形式量化到人,按股权进行收益分配,并建立完善现代企业治理结构。2003 年市农委会同市发改委出台了《关于开展村级集体经济股份合作制试点工作意见》,2009 年市农委会同市发改委、市工商局等部门下发了《关于本市推进农村村级集体经济组织产权制度改革工作的指导意见》等文件,分别对不同时期产权制度改革的基本形式、关键环节等作出了规定。闵行、嘉定、宝山、松江以及部分中心城区有集体资产的乡镇所属的村按照文件精神,结合实际情况陆续开展了村级集体经济组织产权制度改革试点。

二是准备阶段:2011年至2013年。2011年,上海市委、市政府将推进农村集体产权制度改革列为重点课题进行调研。同时,做好了相关基础工作,为推进产权制度改革奠定基础。第一,摸清家底,管理资产。2009年以来,每年对上海市郊区农村集体经济组织的集体资产开展了清产核资工作,基本摸清了集体资产的存量、结构、分布和运用效益情况。自2011年起开始建设并建成市、区县、乡镇、村四级联网的农村集体"三资"监管平台,农村集体资产、收入支出、集体土地收益、农村分配、经济合同等各项"三资"情况都纳入监管平台,农村集体资产数据录入实现全覆盖并接受监管。第二,界定成员,锁定农龄。开展农龄统计。开展并完成了上海市农村集体经济组织成员界定和农龄统计公示工作,经统计,上海市农村集体经济组织成员591.5万人,总农龄数12559.2万年。第三,制定政策,抓好试点。在调研基础上,市委、市政府及相关职能部门陆续出台了《关于加快推进上海农村集体经济组织改革发展若干意见(试行)》(沪委发〔2012〕7号)等"1＋9"政策体系。

三是推进阶段:2014年起。2014年,上海市委继续将农村集体经济组织产权制度改革作为市委重点课题《推进本市城乡一体化发展》的重要内容进行专题研究。在调研基础上,上海市委、市政府召开全市推进农村产权制度改革工作推进会,出台了《关于推进本市农村集体经济组织产权制度改革若干意见》(沪府发〔2014〕70号)和《上海市农村集体经济组织产权制度改革工作方案》(沪农委〔2014〕397号)等文件,明确了推进上海市农村集体经济组织总体要求、目标任务、基本原则、具体措施等。全市各区县都分别成立了产权制度改革领导小组,出台了政策文件和推进方案,并积极稳妥推进改革。在此基础上,依托闵行全国农村改革试验区工作,研究探索如何赋予农民集体资产股权权能试点。

（三）改革形式

上海在推进农村集体经济组织产权制度改革过程中,根据各地实际情况和遇到的问题逐步探索了三种形式,分别是有限责任公司、社区股份合作社和社区经济合作社。

一是有限责任公司。20世纪90年代和21世纪初改革的,主要以有限责任公司为主。采取这种形式的优势是:有限责任公司是按照《公司法》登记的法人主体,能独立自主参加市场竞争。弊端是:为满足有限责任公司股东50人以下的要求,改革的村只能采取隐性股东的做法,大部分集体经济组织成员的权利难以得到法律的认可和保护;其股东按股份享受分红要缴纳20%的红利税。

二是社区股份合作社。2009年,针对有限责任公司要求股东50人以下,改革村只能采取隐性股东的弊端,上海市农委会同市发改委、市工商局出台了《关于本市推进农村村级集体经济组织产权制度改革工作的指导意见》(沪农委〔2009〕108号),参照《农民专业合作社法》创新了社区股份合作社的改革形式。采取这种形式的,优势是:社区股份合作社既有法人主体地位,又有效解决了股东人数限制的问题;弊端是:社区股份合作社是参照《农民专业合作社法》创新登记的法人主体,但其本质上并非农民专业合作社,因此在经营、管理等方面没有完全适用的法律法规,且难以享受相关政策扶持,其股东按股份享受分红同样要缴纳20%的红利税。

三是社区经济合作社。2012年,为了支持和鼓励基层开展农村产权制度改革,减轻改制负担,上海市委、市政府出台了《关于加快本市农村集体经济组织改革发展的若干意见(试行)》(沪委发〔2012〕7号),创设了社区经济合作社这一改革形式,社区经济合作社无需进行工商登记,由政府颁发证书,并可凭证明书申领组织机构代码证,建立财会制度进行实体化运作。采取这种形式的,优势是:社区经济合作社中的成员可参照农村集体经济组织收益分配的形式,按份额享受收益分配,无需缴纳20%的红利税;弊端是:社区经济合作社没有法人主体地位,不利于参与市场竞争。

实践中,近郊等经济发展水平较高以及撤村改制的,主要采取有限责任公司和社区股份合作社的改革形式;中远郊经济发展水平较一般以及未撤村改制的,主要采取经济合作社这一改革形式。

在改革层面上,上海市农村集体产权制度改革主要以村级改革为主,并探索试点了村联合改制(闵行区莘庄工业区6个村联合改制建立社区股份合作社)、镇级改制等多层面改制。

二、正确把握推进农村集体产权制度改革的关键环节

(一)抓住改革关键

一是夯实基础工作。第一,开展清产核资。重点围绕清查核实、明晰权属、健全制度、分账管理、整理归档、纳入平台等工作,对全市9个郊区县所有的村级集体经济组织的清产核资工作进行复核。第二,农龄统计。重点围绕农龄计算、农龄公示、档案管理、纳入平台等环节,对全市集体经济组织成员界定和农龄统计工作进行复查。第三,开展乡镇级集体资产产权界定工作。在试点基础上,以明晰乡镇国有资产和农村集体资产产权为重点,开展乡镇农村集体资产产权界定工作,并推进集体资金和财政资金分账管理。第四,开展土地补偿费管理监督检查。重点围绕统一账户设置、建立台账档案、实行平台监管、规范用途和及时分配等工作落实情况,对各郊区县土地补偿费管理监督工作进行检查。

二是规范股权设置。上海市农村集体产权制度改革的股权设置明确要以农龄为主要依据。因为农龄统计既涵盖了现状的集体经济组织成员,也包括已过世曾经的集体经济组织成员,长期以来,农村集体产权制度改革以农龄为份额(股份)设置的主要依据已得到了基层的充分认可。当然,以农龄为主要依据,不是唯一依据,基层可以依据各地的实际情况,探索综合考虑土地、人头等其他因素,来确定股权的具体设置方法。不管股权怎样设置,始终坚持有两条底线不能突破。第一,坚

持以农龄为主要依据,也就是农龄因素起码要超过 50％；第二,坚持程序规范,必须在改革的方案中予以明确,并通过规范的程序讨论同意。

关于集体股,分两种情况:已撤制的村(镇)改革后原则上不设立集体股；未撤制的村(镇)可设立一定比例的集体股,主要用于公益事业等开支,原则上集体股按总股本的 20％左右掌握。

关于干部股,明确不设,体现集体经济组织成员之间的公平公正。

三是完善治理结构。根据农村经济社会发展的实际情况来看,产权制度改革后的治理结构主要包括以下两个层面:

第一个层面是改革后新建立的新型集体经济组织内部的治理结构。改革后组建的社区股份合作社、有限责任公司要建立成员代表会议、董事会和监事会等法人治理结构；组建的农村社区经济合作社要建立健全成员代表会议、理事会和监事会等组织治理结构,充分保障集体经济组织成员的知情权、参与权、决策权和监督权。关于村党支部书记、村委会主任能不能兼合作社理事长。上海提倡村党支部书记兼任经济合作社理事长,如村党支部书记不是本集体经济组织成员,村集体经济组织可依照章程,聘村党支部书记为外部理事,通过选举担任理事长。但不提倡村委会主任担任村经济合作社理事长,避免任务过重难以履行村民自治事务和社会管理服务的职能。

第二个层面是新型集体经济组织和村党组织、村委会之间的关系。完成农村集体经济组织产权制度改革后,在村委会和村社区经济合作社(即改革后新成立的新型集体经济组织)共存的地区,应形成在村党组织领导下,村委会自治管理、村社区经济合作社自主经营、村务监督管理委员会监督管理的新格局。村党组织要强化其在村级各类组织中的核心作用。其工作职责就是要夯实党务、落实政务、创新服务、强化监督。村委会要尊重并支持集体经济组织发展壮大,逐步退出招商引资等经济经营业务领域,回归村级自治管理。村级集体经济组织要充分行使集体资产自主经营管理权,负责集体资产经营收益类事务,经营和管理好集体资产。

四是效益决定分配。推进农村集体经济组织产权制度改革的目的是明晰产权关系,将集体资产量化到成员,落实到户,赋予集体经济组织成员对集体资产占有权和收益权,切实保障成员的基本权利。因此,建立合理的收益分配制度是推进产权制度改革的重要内容,但是分配绝不是唯一的目的,上海坚持由效益决定分配。2013 年,上海市农委出台了《本市加强农村新型集体经济组织收益分配监督管理的指导意见》(沪农委〔2013〕116 号),对改革后的收益分配作出了具体规定。文件明确收益分配必须坚持三条原则:一是效益决定分配。年度收益分配要依据当年的经营收益情况,确定合理的分配比例,并建立以丰补歉机制。严禁举债分配。二是以农龄为主要依据。以农龄为主要依据确定成员所占集体资产的份额(股份),并按份额(股份)进行收益分配。三是坚持民主决策。年度收益分配方案经上级农村经营管理部门审核后,必须经成员代表大会集体讨论,经三分之二以上代表同意后方可实施。对分配水平要设立上限,分配比例不得高于当年经营性净收益的 70%。

2014 年,上海市农委又出台了《关于本市农村综合帮扶专项资金支持项目收益分配的指导意见》(沪农委〔2014〕314 号),对由上海市农村综合帮扶资金支持建设的农村综合帮扶项目,所形成的净收益的分配管理提出了明确要求。该文件也提出要坚持三方面的原则:一是坚持收益分配要以项目有长期稳定收益为前提,严禁举债分配。二是收益分配要与集体经济组织产权制度改革紧密结合。三是收益分配的最终目的是要提高经济薄弱村农民特别是低收入农户的生活水平,不能将收益用于弥补村委会经费不足。具体分配政策分为两部分:净收益不超过 20% 部分,可统筹用于本村公共服务事业,但不得用于村干部报酬支出;净收益不低于 80% 部分,主要用于提高薄弱村农民特别是低收入农户的生活水平。收益分配对象侧重于两个方面:一个方面是按年度分配给集体经济组织成员;另一个方面是侧重分配给低收入农户。

五是强化政策支撑。目前,上海市已形成了"1+1+12"农村集体经济组织改革发展的政策体系,从政策和制度上对推进农村集体产权制度改革予以规范和扶持。其中,《关于加快本市农村集体经济组织改革发展的若干意见(试行)》(沪委发〔2012〕7 号)和《关于推进本市农村集体经济组织产权制度改革若干意见》(沪府发〔2014〕70 号)两个文件对改革的要求、目标、任务、措施和组织等方面提出了系统性的要求。

(二)坚守改革底线

在推进农村集体产权制度改革中,上海始终做到五个坚持:

一是坚持集体成员所有。农村集体经济是由农业合作化起步、集体化形成的一种所有制形态,具有合作性、区域性、排他性、多功能性等基本属性。推进改革就要守住集体所有制的底线,不能把集体经济改弱了、改小了、改垮了;守住保护农民利益的底线,不能把农民的财产权利改虚了、改少了、改没了;守住于法有据的底线。在具体推进过程中,明确城市化地区,可采取股权形式量化集体资产。其他地区,则采取份额形式赋予农村集体经济组织成员合法权益。在推进改革过程中,始终坚持两个"防止",既防止集体经济由内部少数人侵占支配,又防止农村集体经济被外部资本吞并控制。集体经济组织要牢牢管住集体土地和不动产等资源性资产,确保成员权益不受损害。

二是坚持注重因地制宜。上海郊区经济发展水平不一,推进改革的基础工作也不相同。因此,在推进过程中倡导改革形式多样化,先后探索了有限责任公司、社区股份合作社和社区经济合作社三种改革形式。在城市化地区,一般选择有限责任公司和社区股份合作社。在农村地区,主推社区经济合作社。经济合作社作为一种制度创新,由政府部门颁发证明书,并凭证明书领取组织机构代码证,到金融机构开设账户,建立会计制度,实行收益分配制度。同时明确撤制村的改制,原则上不再设立集体股;未撤制的村及镇的改制,应设立一定比例的集体股,一般掌握在 20% 左右,主要用于本区域公益事业等开支。同时,明确不得设立干部股。为促进改制后集体经济发展,明确村级集体经济组织要形成以物业租赁为主的盈利模式,乡镇集体经济组织在自身发展的同时,可受托管理村级集体资金资产,鼓励村集体经济组织以入股等形式参与经济开发,实现集体经济抱团发展。对面广量大的镇级集体产权制度改革,则借鉴村一级的改制经验和做法,通过以点带面,逐步予以推进。政府从综合解决现实农村矛盾纠纷和保护最广大农民长远利益的高度出发,依靠群众找准群众利益平衡点与社会和谐公约数。在资产量化上,清产核资结果及折股计值资产公开公示,群众有需要的,可进行评估;在股种设置上,重在简便易行,推动权跟人走,在把握原则的基础上允许多样化、多元化设置;在股权配置上,重在公平公正,倡导"广覆盖、宽接受、走程序",确保"复杂问题程序化、程序问题民主化、民主问题公开化",妥善处理特殊群体和历史遗留问题,促进改革平稳有序推进。

三是坚持以农龄为主要依据。农村集体资产资金是其成员长期劳动积累形成的成果。农龄既涵盖了现状的集体经济组织成员,也包括已过世的集体经济组织成员。为此,上海市始终坚持新型集体经济组织要以农龄为主要依据确定成员所占集体资产的份额,并以此作为收益分配的主要依据。在推进过程中,强调以农龄为主要依据,但不是唯一依据,支持区县、乡镇依据实际情况,综合考虑其他因素,确定股权的具体设置方法,力求涵盖不同群体,实现人户结合,以户为单位发放社员证,并相应明确户内每个成员的股权(份额),为下一阶段探索农村集体资产股权流转打好基础。

四是坚持公开公平公正。农村集体资产涉及千家万户的利益。开展农村产权制度改革工作必须实行全过程公开公平公正,接受群众监督。法律法规明确的,必须依法依规;已有政策的,要按政策认真执行;没有政策依据的,通过召开集体经济组织成员代表大会民主决定。坚持程序的合法性与公开性相结合,将成员资格认定的决定权交给农村集体经济组织成员,由他们充分协商、民主决定。如上海591.5万个农村集体经济组织成员拥有约 12559.2 万年农龄,所有的农龄统计都实行三榜公示,集体经济组织成员的股份(份额)、清产核资情况都纳入上海市"三资"监管平台进行公示,确保了集体经济组织成员改革的知情权、参与权、表达权和监督权,将公开、公正、公平精神贯穿于改革的始终。改革至今,全市未发生过因改制而引发的群体性事件。

五是坚持效益决定分配。强调集体资产收益分配不是改革的唯一目的,最根本是要建立产权明晰的集体产权制度(上海除负债村以外,要求全面推进农村产权制度改革)。新型集体经济组织要建立成员的收益分配机制,年度收益分配要依据当年的经营收益情况,确定合理的分配比例,并建立以丰补歉机制,分配比例不得高于当年经营性净收益的 70%。无效益不分配,严禁举债分配。

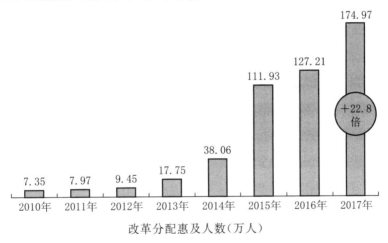

改革分配惠及人数(万人)

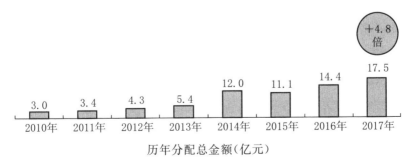

历年分配总金额(亿元)

图 7-1　上海农村集体经济组织成员分红情况

■ 第二节 江苏省的探索与实践[①]

近几年来,江苏省各地按照农业农村部和省委省政府部署要求,坚持把发展农村集体经济作为新时期深化农村改革、实施乡村振兴战略的重要举措,以深化农村集体产权制度改革为契机,积极探索、创新机制,加快建立符合市场经济要求的集体经济运行新机制,有力促进了农村集体经济的发展壮大。截至 2017 年年底,全省村级集体资产达 2863 亿元,村均 1619 万元,村级经营性收入总额 308 亿元,村均 174 万元。

一、探索集体经济发展新路径

江苏省各地根据资源禀赋、区位条件以及当地经济社会发展状况,探索发展路径,丰富集体经济发展新形态。

（一）资产租赁型

苏南部分区位条件较好的村（居）通过兴建标准化厂房、打工楼、农贸市场、商业店铺、仓储设施等物业项目对外出租,为村集体提供持续稳定的租金收入,走出一条收益稳风险小的经营路子。张家港市村集体建成标准化厂房 350 万平方米,年租金超过 4 亿元。

（二）农业开发型

苏北等土地资源较为丰富的村（居）,通过土地入股或流转等方式,组建土地股份合作社,统一投资改造农田水利基础设施,依靠提升农业规模化、集约化和现代化水平增加集体收入。2018 年苏北地区组建土地股份合作社 8178 个,入股成员超过 96 万人。

（三）企业股份型

集体经济组织整合利用集体积累资金、政府帮扶资金等,通过入股

---

① 本章第二节至第九节选用了农业农村部 2018 年 11 月在南京召开的农村产权制度改革专题会议汇报材料的内容,相关数据未具体注明时间的均为 2018 年。

或者参股农业产业化龙头企业、村企联手共建等形式,以企带村,以村促企,实现互利共赢。江阴市长江村拥有新长江集团25%的股份,长江村集体年收入超1亿元。常熟市蒋巷村每年从常盛集团获得固定分配600万元。

（四）联合发展型

苏州市以镇(街道)为主体,组建镇级集体经济联合发展载体,引导村级集体经济组织通过抱团、联合、异地发展,联合开发创新创业楼宇、科技孵化平台等平台,实现资源共享、优势互补。苏州市吴中区长桥街道由街道集体资产经营公司和7个社区共同出资1亿元,组建长桥集团有限公司,主要投资开发物业项目,总资产达36亿元,村均集体收入约3000万元。

二、创新集体经济发展新机制

坚持政策引导和机制创新相结合,着力在改革机制、分配机制、监管机制等重点领域和关键环节取得新突破。

（一）探索市场导向的改革机制

以成为全国农村集体产权制度改革整省推进试点省份为契机,深化股份合作制改革,大力推进农村产权交易市场建设,促进集体资产保值增值。2018年全省近50%的村完成股份合作制改革,农村产权交易市场实现县级平台全覆盖,通过平台交易的集体资产项目平均溢价率超过5%,高的达到20%。

（二）建立公平合理的分配机制

各地结合自身实际,按照尊重历史、照顾现实、程序规范、群众认可原则,综合考虑承包地面积、家庭人口、劳动积累贡献等因素,因地制宜设置人口股、家庭股、土地股等多种股份,既保证了公正公平,又适度体现出贡献差距。2018年全省共折股量化资产792亿元,累计分红超过110亿元。

（三）完善规范高效的监管机制

通过逐步扩大"阳光行动"试点范围，深入实施村级资金管理非现金结算，积极开展村级财务会计核算第三方代理试点等举措，从制度、技术、组织三方面打造集体资产监管新模式。2018年全省80％的村开展"阳光行动"试点，96％的村开展"村务卡"试点，苏州、泰州、淮安等地实现村级账务第三方代理全覆盖。

（四）健全形式多样的扶持机制

2016—2017年中央和省级财政共安排12亿元资金，支持1214个村建设集体经济发展项目，增强村集体内生发展动力。推行征地留用地制度，支持集体经济做大做强。出台《江苏省农村集体资产管理条例》，为全省集体产权制度改革和集体经济发展提供法律保障。

三、实现集体经济发展新成效

农村集体经济的发展壮大，有效促进了农民收入增加、农村公共服务改善等，为乡村振兴夯实了坚实基础。

（一）有力促进强村富民

推进资源资产化、资产资本化、资本股份化，形成了集体经济发展与农民持续增收的长效机制。2017年，全省村级集体组织提取公积金、公益金89亿元，用于农户分配和提取村民福利费超过30亿元。

（二）有效维护农民权益

健全成员大会、理事会、监事会等基层治理结构，维护农村集体经济成员参与、管理、监督村集体资产运营的权利，健全集体收益分配制度，让农民从集体经济组织得到更多的分红，保障了农民的收益分配权。2018年，江阴市江锋村股份合作社村民每股分红3500元，户均达10000多元。

（三）改善农村公共服务

在公共财政无法完全覆盖所有乡村的情况下，农村集体经济的发展改善了农村公共服务和农业基础设施建设,为农民生产经营、增收致富创造了更好的条件和环境。2017年,全省村级用于修建道路方面的支出达22.4亿元,进行环境整治的支出约35.4亿元。

（四）全面提高治理能力

村级集体经济实力是发挥农村基层组织功能的物质基础,发展壮大村级集体经济实力,健全农村基层治理框架,增强了集体组织的凝聚力、战斗力,提高了农村基层组织实施民主管理的能力和维护农村稳定的能力,巩固了党在农村的执政基础。

四、苏州市的探索与实践

近几年来,江苏省苏州市认真贯彻党中央、国务院和江苏省委、省政府的决策部署,在农业农村部的关心指导下,以列入全国农村改革试验区为动力,以"四上"改革（权属上证、资产上图、交易上线、监管上网）为突破口,着力构建农村集体产权制度改革的苏州模式。苏州市农村集体"三资"监管机制创新模式还获评首届"中国廉洁创新奖"。

（一）权属全部"上证"

2001年,苏州率先启动了社区股份合作制改革,2011年起将集体经营性资产折股量化到人、固化到户,到2016年全面完成农村社区股份合作制改革任务,全市共组建社区股份合作社1311家、惠及122万户农户,净资产467亿元,股权证书全部发放到户。之后,苏州市吴中区开展集体资产股份权能国家试点,完善成员股权管理办法,探索股份权能拓展,稳妥试行继承、有偿退出（转让）办法,完成6个村（社区）股权继承试点。2018年研究股权抵押和担保试点办法。同时,推广苏州高新区"政经分开"枫桥经验,共有415个村完成了"政经分开"改革。

（二）资产全盘"上图"

2015年,苏州全面完成了村级集体资产清产核资。2017年,根据农业农村部统一部署,按照"统一、专业、完整、规范"的要求,开展新一轮镇村两级集体资产清产核资,着力构建完善的集体资产数据库。统一,就是在资产编码、工作规程、清查表式、工作步骤、账务处理、数据平台等方面做到"六个统一"。专业,就是引入55家审计事务所开展审计,出具专业审计报告;引入36家测绘机构对不动产精准测绘,形成农村集体资产地理信息"一张图";引进专业软件公司,启用农业农村部新标准,建设清产核资信息化管理平台。完整,就是镇村两级农村集体资产全面清理,实现"资产+地图+合同"全面覆盖。规范,就是按照农业农村部规定的格式,增加了苏州特色要求,按照规定程序和步骤,特别是运用村务公开"e阳光"微信公众号推送清产核资公示信息,体现数据的公开性和透明度。至2018年10月底,全市有68个镇、1201个村完成了审计报告,完成率分别达到72%和94%;74个镇、1245个村完成了资产测绘,完成率分别达到78%和98%。"三资"信息平台显示已有87个镇1029个村录入清产核资数据。

(三)交易全程"上线"

2015年10月,组建苏州市农村产权交易中心,在江苏省率先推行农村产权线上交易,到2017年年底全市所有乡镇均建成农村产权交易分中心(窗口)。2018年市"三资"管理信息化平台与市农村产权线上交易系统全面对接,实现交易立项、信息发布、线上交易、合同签订等14个步骤全程网上运行,最大限度地放大了集体资产收益。截至2018年10月底,全市农村产权交易成交31608笔,合同总金额47.71亿元。线上交易电子竞价全程留痕,既便于群众足不出户轻松完成交易,又使集体资产交易阳光透明、保值增值。

(四)监管全面"上网"

建成的全市统一"三资"管理信息系统,将权属上证、资产上图、交易上线等工作集成其中,设置清产核资、资产管理、合同管理、财务管理、资金管理、项目管理、"e阳光"、统计分析、预警监管九大模块,实现全市农经管理工作"全业务、一平台"。与此同时,在全市推行村级财务第三方代理,共引进专业会计机构 62 家,形成了出纳驻村、会计驻镇、中介代理、在线管理的"三资"监管模式,村级财务第三方代理 100%;推行村级资金非现金结算,明确一村一基本结算账户,全面推行村务卡,形成村级公务支出走村务卡、农民往来结算走市民卡的"双卡"支付体系。推行村务公开"e 阳光"行动,村村开通微信公众号,农民通过手机便可查询社保补助、土地承包、股权分红等信息,真正做到了"让数据多跑路、让群众少跑腿"。

通过"四上"改革,强化了农村基层党建,提升了富民强村水平,推动了乡村治理现代化,促成了张家港市村民自治全国试点。苏州市村级财务第三方代理、农村产权线上交易、村务卡非现金结算、村务"e 阳光"微信公众号等一批改革成果在江苏省复制推广。2017 年,苏州农村集体资产达 1840 亿元,村均集体经济年稳定性收入达 815 万元,村村超 200 万元,股份分红总额达 38 亿元,农村居民人均可支配收入达2.99 万元。

■ 第三节　浙江省的探索与实践

2014 年年初,浙江省委、省政府专门召开农村集体产权确权赋权改革现场会,作出全面推进农村集体产权制度改革部署;到 2015 年年底,99.4%的村完成改革,共确认成员股东 3500 多万人,量化经营性资产 1150 亿元。

一、始终坚持党委政府主导,把改革氛围营造起来

（一）加强组织领导

全面建立各级党委、政府持续推进农村改革的领导体制和工作机制,落实责任制度。省委、省政府领导多次到市、县调研督导,对改革进

107

度较慢地区进行约谈;省人大制定出台《浙江省农村集体资产管理条例》,为全面改革提供法律保障。各市、县、乡层层建立领导机构和工作班子,实行领导分片包干,层层分解任务,逐级传导压力。

（二）注重措施落实

省委将农村集体产权制度改革列入新农村建设考核抓落实推进,省农业农村部门及时建立省、市、县、乡、村由下而上的进度信息报送和问题汇集机制,对各地改革进度实行每月一通报,主送各地政府、抄送各地党委。同时开展督导检查,对改革进展缓慢后进地区,进行跟踪指导和督促。

（三）突出党的核心

强化党对基层组织特别是农村集体经济组织的领导核心地位,全省97.8%的村集体经济组织主要负责人由村党组织书记兼任。

二、始终坚持农民主体地位,把股改操作规范起来

（一）坚守政策底线

明确改革后集体所有制性质不变、集体经济组织功能不变、财务管理体制不变。依照《浙江省村经济合作社组织条例》确定成员身份,按照"宽接受、广覆盖"原则,对农嫁女等特殊群体引导落实股权。对改革基本原则、重大事项、共性问题,省里统一制定政策,进行统一答复;对地方个性问题,进行分类指导、不搞"一刀切",防止一些地方借村规民约违规操作,防止多数人借机侵占少数人权益。

（二）突出农民主体

在统一政策基础上,从改革调研到方案和章程制定,从成员确认到股权量化和设置,充分听取农民意见,尊重农民意愿;清产核资、成员确认、实施方案等各环节做到民主决策和公开公示,确保改革民主参与、公正透明。

（三）强化业务指导

各级农业农村部门及时宣传贯彻改革政策意见，完善改革措施，层层开展培训，培养骨干力量和工作队伍。同时开展调查研究，在股份权能、集体经济组织治理、产权流转交易、收益分配制度等方面开展试点试验，坚持先易后难，先试点再推广，把试点办成谋划改革的"试验田"、指导培训的"好基地"、教育农民的"活案例"。

三、始终坚持赋权活能共进，把权能活力释放出来

（一）充分赋权活能

省农业农村部门制定《农村集体资产股权管理暂行办法》，支持开展股权继承、有偿退出及抵押、担保权能试点，全省 30% 以上的市、县制定了放活股权权能的政策。建立健全集体经济组织成员和股权登记备案制度，全省 62% 的县将集体资产股权纳入集体资产管理平台，对股权依法继承、转让的，做到及时变更。

（二）健全市场体系

全省 87 个涉农县全部建立农村产权流转交易市场，96.2% 的乡镇建立交易分中心，对一定标的额以上的农村集体资产流转交易，要求入场交易，普遍为集体增收 20% 以上。

（三）创新经营机制

探索实行经营管理绩效与经营者收入挂钩的责任制，开展村委会和集体经济组织职能分开试点，形成了经营班子年薪制、外聘职业经理人、独立董事等一批经营模式。运用项目制、现金配股、土地入股等方式，发展混合所有制经济，激发集体经营活力。

四、始终坚持改革发展为要，把集体经济壮大起来

（一）抓责任落实

省委领导亲自抓亲自管，对消除薄弱村发展集体经济工作作出批

示。省委组建工作领导小组,市、县也都相应成立机构,把发展村级集体经济列入县党政领导班子和领导干部实绩考核,明确县级党政主要负责人为"消薄"第一责任人,不完成"消薄"任务不得调离。

（二）抓政策细化

省委办公厅、省政府办公厅出台《关于实施消除集体经济薄弱村三年行动计划的意见》,省财政从 2017 年起每年安排不少于 1.2 亿元扶持资金;组织开展"千企结千村消灭薄弱村"专项行动,采取项目、资金、就业、消费等多种方式帮扶薄弱村发展。各地采取项目支持、征地留用等措施,开展强村、壮村工程,增强集体经营活力,促进资产保值增值。

（三）抓精准施策

坚持突出经营性收入达到 5 万元以上这个核心,开展建档立卡,总结推广飞地抱团、村企结对、党建融合、产业带动、农旅结合、服务创收、混合经营、光伏扶贫八种发展模式。2017 年,全省村级集体经济总收入达到 424 亿元,村均 146 万元;股金分红达到 65 亿元,比全面推进改革前的 2013 年翻了一番。

第四节　广东省的探索与实践

广东省高度重视,各部门积极履职尽责,不断建立健全领导体制和工作机制,上下齐心、合力推进各项改革任务落地落实。

一、主要工作与成效

为深入贯彻落实中央关于农村集体产权制度改革决策部署,广东省委、省政府切实加强组织领导,高位谋划,统筹推进;省有关部门积极履职尽责,强化统筹协调,加强业务指导,及时开展政策宣贯和专题培训,不断总结推广好的做法和经验。各地各有关部门高度重视,立足实际、因地制宜采取一系列有力有效措施,积极稳妥推进农村集体产权制度改革,取得了阶段性成效。截至 2018 年 7 月底,重点理清了"一本账",率先基本完成了清产核资,全省资产总额 5598.76 亿元;建立了"一张网",农村集体"三资"管理服务平台实现互联互通;颁发了"一本证",全省 15223 个集体经济组织完成改革任务,量化资产 3306 亿元、占全省资产总额的 59.1%,确认成员身份 638 万人,颁发股权证书 309 万本。

（一）加强组织领导

广东省委、省政府将农村集体产权制度改革工作作为实施乡村振兴战略的重要抓手,摆上重要议事日程。省委基层治理领导小组将农村集体产权制度改革列入 2018 年抓党建促脱贫攻坚和乡村振兴的重要内容;经省政府同意,建立由 15 个省直单位组成的广东省农村集体产权制度改革部门间联席会议制度。省委组织部将发展壮大集体经济纳入 2017 年度基层党建述职评议考核的重要内容。各地也相继建立农村集体产权制度改革工作领导体制。截至 2018 年 7 月底,广东各级成立由党委或政府主要领导任组长的农村集体产权制度改革领导机构共 427 个,其中省级 1 个,市级 19 个,县级 80 个,镇级 327 个。

（二）加强统筹谋划

一是抓制度设计。近几年来围绕农村集体产权制度改革广泛深入开展调查研究,相继修订《广东省农村集体经济组织管理规定》《广东省农村集体资产管理条例》,制定出台了《中共广东省委广东省人民政府关于稳步推进农村集体产权制度改革的实施意见》（粤发〔2018〕6 号）。研究制定《广东省农村集体经济发展规划（2018—2020 年）》。二是抓动员部署。2017 年 10 月,召开全省农村集体产权制度改革工作电视电话会议,全面动员部署改革工作;2018 年 5 月,召开全省农村集体产权制度改革试点工作推进会,对改革工作进行再动员、再部署、再推进。省农业厅还分片区召开改革试点工作座谈会,总结交流经验,谋划思路举措。三是抓责任落实。印发了《关于稳步推进农村集体产权制度改革分工实施方案》《广东省农村集体产权制度改革部门间联席会议2018年工作要点》等,进一步明确有关单位职责,统筹协调抓落实。四是抓规范操作。制定《广东省农村集体资产清产核资工作流程图》《广东省农村集体产权制度改革工作流程图》,组织编撰《广东省农村集体产权制度改革资料选编》《广东省农村集体产权制度改革参考资料》《广东省农村集体产权制度改革150问》等供各地参考。截至2018年7月底,广东省各级以党委政府名义印发农村集体产权制度改革文件208个,清产核资实施文件269个,召开动员部署会议1581次。

(三)加强宣传培训

培训方面,广东省委组织部将地方党政领导干部农村集体产权制度改革专题培训班列入《2018年省委组织部委托省直有关单位举办地方党政领导干部专题班次计划》。省农业厅还举办了全省农村集体资产清产核资工作培训班,并督促指导市、县分级分层开展专题培训,基本实现对各级党委政府领导、农业部门负责人、镇村干部全覆盖培训。宣传方面,广东省在《南方日报》等主流媒体刊登5期专版,并利用广东农业公众号、今日头条、大粤网、天天快报、南方+App等新媒体以及其他各类媒体平台,全方位、多层次将产权制度改革重大政策、目的意义和操作要领宣传到千家万户,实现家喻户晓、释疑解惑;各地也充分利用当地多种媒体平台广泛宣传,以宣传漫画、卡通片、海报、横幅、宣传手册、给农民群众一封信等多种方式,全方位、多层次开展宣传,营造了良好改革氛围。截至2018年7月底,广东省各级举办农村集体产权制度改革以及清产核资等培训班1581次,累计培训115004人次。

(四)加强试点示范

认真全面总结佛山市南海区承担全国积极发展农民股份合作赋予农民对集体资产股份权能改革试点工作,提炼好的经验做法,加强典型示范推广。2017年,组织推荐东莞、中山等6个地区承担2017年度全国农村集体产权制度改革试点,2018年6个国家试点和14个省级试点按照批复方案,稳妥有序推进改革。2018 年以来,组织推荐珠海市、佛山市、惠州市 3 个地级市和 9 个县(市、区)承担国家 2018 年度改革试点,按农业农村部有关要求,省农业厅和省委农办已对各地报送的试点方案认真研究审核后批复,各试点单位正按照中央和省的部署要求,扎实有序开展各项工作。此外,2017 年以来,广东省在未承担国家改革试点任务的 14 个地级市,各选择 1 个县(市、区)开展省级试点,市、县两级也结合实际分别选取辖区内部分县、镇或村,开展市级试点和县级试点。全省已有 47685 个集体经济组织完成清产核资,共清理账面资产总额 3762.8 亿元,占全省资产总额的 67.2%;15223 个集体经济组织已完成产权制度改革,共量化资产总额 3306.5 亿元,占全省资产总额的 59.1%,确认成员身份 638.1 万人,颁发股权证 309 万本。

(五)加强督查指导

省农业厅建立农村集体产权制度改革工作挂钩联系制度,指定专人分片挂钩联系到市县,加强常态化督查督导,及时掌握各地动态,梳理分析工作中碰到的困难问题。广泛深入调查研究,加强形势分析研判,分期分批组织试点地区负责同志赴上海、浙江等地考察学习,深入全省各地开展重大问题调研,建立产权制度改革工作问题库和经验推广库,用调查研究成果指导改革工作。组织指导各地全面开展农村集体资产清产核资"回头看"活动,做好集体资产清查核实、数据填报以及建章立制等工作,为精准指导推进改革工作提供基础依据。市县各级农业农村工作部门参照省的做法,建立常态化督查督办机制,定期深入镇村基层调研、指导和检查,共同研讨产权改革问题,会商解决办法。通过工作简报等形式,总结推广各地工作推进过程中好经验好做法,适时通报工作中存在的突出问题等情况,确保各地改革工作稳妥有序推进。

(六)加强工作保障

人员保障方面,省农业厅专门组建农村集体产权改革办公室,由厅主要负责同志兼任办公室主任,厅分管同志兼任办公室副主任,内设综合调研组、业务指导组和宣传信访组,抽调20名骨干集中办公,举全厅之力全力以赴抓好落实。各市县农业农村工作部门也都参照省的做法,分别组建市县产权办,抽调人员集中办公。经费保障方面,省财政对珠三角地区每个省级以上试点单位补助100万元,对粤东西北地区每个试点单位补助150万元。同时,市县各级也积极落实经费保障,例如,珠海市2018年市、区两级财政共安排工作经费1513万元,中山市累计安排工作经费351.68万元,惠州市博罗县落实本级财政预算改革工作经费400万元等。

第五节　安徽省的探索与实践

安徽省委、省政府领导高度重视农村产权制度改革,安排部署,制定措施亲力亲为,推进改革实施,农村集体产权制度改革进展有序,成效初显。

一、改革进展情况

（一）农村集体资产清产核资工作全面有序开展

根据农业农村部等九部委关于全面开展农村集体资产清产核资工作的通知要求,安徽省高度重视,及时部署,精心组织,迅速行动,清产核资工作全面有序开展。截至2018年7月底,全省有集体资产的491个乡镇（街道）、16543个村（居）、301565个组开展了清产核资工作。其中,完成清查登记环节的村（居）14718个,占总村（居）数的89.0%;完成资产核实环节的村（居）12268个,占总村（居）数的74.2%;完成公示确认环节的村（居）8864个,占总村（居）数的53.6%;完成建立台账环节的村（居）4258个,占总村（居）数的25.7%;完成审核备案环节的村（居）2839个,占总村（居）数的17.2%。

（二）农村集体产权制度改革试点成果逐步显现

安徽省严格指导国家级农村集体产权制度改革试点单位工作,同时积极鼓励各地自主开展改革试点,改革成果逐步显现。2018 年全省开展集体产权制度改革的村 4000 多个,完成产权制度改革的村 1536 个,改革试点共量化资产 81.68 亿元,确认集体成员 415.45 万人,累计股金分红金额 8954.51 万元。其中,中央试点(包含 2018 年新批复中央试点)单位完成集体产权制度改革的村 1112 个,改革试点共量化资产 50.0 亿元,确认集体成员 311.8 万人,累计股金分红金额 3392.44 万元。来安、旌德、繁昌、金寨四个全国试点县改革工作基本完成。2018年新批复的 2 市 10 县国家级整市整县试点正在大力推进。

（三）农村“三变”改革范围持续扩大

自 2016 年 8 月起,安徽省在 11 个县(区)选择 13 个村开展农村“资源变资产、资金变股金、农民变股东”(简称农村“三变”)改革试点,在推动农业增效、农民增收、农村集体经济发展方面效果较为显著,13个试点村共盘活村集体及农民土地 5367 亩,发展产业项目 34 个,1780户农户成为股东,户均财产净收入达到 1955 元,13 个试点村村集体平均收入达 75.8 万元。2018 年 4 月,省委办公厅、省政府办公厅正式印发《关于推进农村资源变资产资金变股金农民变股东改革工作的指导意见》,部署推进“三变”改革,持续扩大改革范围。随后,省农委印发贯彻落实“三变”改革指导意见的通知,对全省“三变”改革重点工作作出安排部署,进一步落实改革任务,组织各市选择县区开展“三变”改革整县推进,指导涉农县(市、区)选择部分乡镇开展“三变”改革,引导基础条件较好的村主动开展“三变”改革工作。至 2018 年,全省开展“三变”改革的村数达到 756 个,已覆盖全省 16 个市,有 24 个县在开展整县推进。

（四）农村产权流转交易市场建设初成体系

近几年来,安徽省大力推进农村产权交易市场建设,帮助农户和集体经济组织有序流转土地承包经营权、林权、集体建设用地等产权,实现农村资产保值增值,促进集体经济发展和农民增收。2018 年已有 10 个市、70 个县(市、区)、870 个乡镇分别建立农村产权交易市场(服务站)。2018 年上半年完成产权交易 9906 宗,交易金额达 17.72 亿元。

二、改革推进举措

(一)健全机构,完善工作机制

安徽省委农村工作领导小组农村集体产权制度改革专项工作办公室实行联络员制度,承担日常具体工作,重点加强清产核资和农村集体经营性资产股份合作制改革组织协调工作。建立了信息报送制度,及时掌握各地工作进展、典型做法、存在问题和改进措施。建立了通报制度和调度制度,推动各地特别是进展较慢的地方按时保质完成各项改革任务。2018 年,已召开全省农村集体产权制度改革专项工作办公室联络员会议两次,召开全省农村集体资产清产核资工作调度会一次,通报全省工作进展情况两次,刊发简报 16 期。各市、县(市、区)也相应建立了部门协作机制、信息报送制度、通报制度和调度制度,形成推进合力。

(二)召开会议,全面动员部署改革

2018 年 3 月,安徽省委、省政府组织召开了全省农村集体产权制度改革电视电话会议,全面部署农村集体产权制度改革工作。会后,各市先后召开全市农村集体产权制度改革工作推进会议,对农村集体产权制度改革工作进行部署落实。

(三)深入谋划,制定贯彻落实文件

2017 年 8 月 28 日,安徽省委、省政府出台《关于稳步推进农村集体产权制度改革的实施意见》(皖发〔2017〕27 号),明确了改革的基本思路、主要任务和政策举措。2018 年 3 月 30 日,省政府办公厅印发《安徽省农村集体资产清产核资工作实施方案》(皖政办〔2018〕10 号),

明确了清产核资的总体要求、对象范围、重点任务、操作流程、进度安排和工作要求,确定"九步"工作法。所有市、县(市、区)认真学习贯彻中央及省里文件精神,制定出台了稳步推进农村集体产权制度改革的实施意见和农村集体资产清产核资工作方案或实施细则。2018年4月,以省两办名义印发《关于推进农村资源变资产资金变股金农民变股东改革工作的指导意见》,为农村"三变"改革提供了政策支撑。

(四)加强培训,深入开展政策宣讲

2018年年初,安徽省委农村工作领导小组举办各市县党委或政府分管负责同志培训班,对全省16个市党委、政府分管负责同志和110多个县分管书记、县长就农村集体产权制度改革政策进行了宣传培训。各地逐级开展改革政策培训,累计举办农村集体产权制度改革专题培训班近270批次,参加人员近1.5万人次。2018年4月和8月,省农村集体产权制度改革专项工作办公室又分别举办了两次全省农村集体产权制度改革暨清产核资工作培训班,邀请农业农村部专家授课,共约700人参加培训,切实提高了业务骨干和基层干部政策理论水平和实践操作能力。各地按照"市培训到乡、县培训到村"的要求,累计开展培训2360批次,参训人数约18万人。

(五)积极试点,不断扩大改革成果

根据农业农村部和中央农办的要求,指导旌德县、金寨县、繁昌县、来安县等第二批全国农村集体产权制度改革试点单位稳妥推进试点工作。组织申报全国整市、整县推进农村集体产权制度改革试点,依据农业农村部农经函〔2018〕2号文件要求,从当地党委、政府对改革重视程度、群众改革积极性、农经工作队伍等方面进行综合评判,确定滁州、宣城2市及肥东等10个县申报全国农村集体产权制度改革整市整县试点。

(六)强化督查,促进改革任务落实

为全力推进农村集体产权制度改革,安徽省建立了省直单位包市督察制度,省委农工办牵头组织部分省直成员单位重点围绕农村集体产权制度改革特别是清产核资工作对 16 个地市开展包市督察。2018年 6 月下旬,14 个省直单位分别开展包市第一次督察,并形成督察报告呈交省领导,9 月、12 月还将再开展第二、三次包市督察。为进一步推动省委、省政府《关于稳步推进农村集体产权制度改革的实施意见》贯彻落实,省农委主要负责同志亲自带队,赴合肥、宿州开展农村集体产权制度改革专项督察。指导市县建立督查指导机制,落实定期督查检查制度,合力推进农村集体产权制度改革工作。

第六节 北京市的探索与实践

北京自 20 世纪 90 年代初开始,就学习借鉴广东、上海等省市的经验,并结合本地实际,按照"撤村不撤社、转居不转工、资产变股权、农民当股东"的改革方向,积极推进改革。

一、农村集体资产及产权制度改革进展总体情况

2018 年,北京市共有乡村集体经济组织 4140 个,其中乡级 195个,村级 3945 个。截至 2017 年底,全市农村账内集体资产总额达到6879.6 亿元,其中乡级集体资产 2461.5 亿元,占全市农村集体资产总额的 35.8%;村级集体资产 4418.1 亿元,占全市农村集体资产总额的64.2%。农村集体净资产总额 2309.6 亿元,其中乡级集体净资产 560.6 亿元,占全市农村集体净资产的 24%;村级集体净资产 1749 亿元,占全市农村集体净资产的 76%。

截至 2018 年 6 月,全市累计完成产权制度改革的单位达到 3920个,其中村级 3899 个,乡级 21 个,村级完成产权制度改革的比例达到98.8%。2017 年,全市有 1356 个村集体经济组织实现按股份分配,占已完成改制村集体经济组织的 34.8%。分配总额 48.7 亿元,比上年增

长 2.9%；人均达到 3712.3 元，比上年增加 257.7 元，增长 7.5%。

二、主要措施

（一）加强组织领导

北京市委、市政府一直以来都高度重视农村集体经济发展和产权制度改革工作，2016 年《中共中央、国务院关于稳步推进农村集体产权制度改革的意见》下发以来，在原有工作基础上，北京市农村集体产权制度改革工作在市委全面深化改革领导小组的统一领导下，由市社会主义新农村建议领导小组具体统筹协调，并由其下设的办公室（设在市委农工委、市农委）负责具体日常工作，全面加强各项工作的组织落实。

（二）加强统筹谋划

按照《中共中央、国务院关于稳步推进农村集体产权制度改革的意见》精神，结合北京市实际，研究制定了《关于进一步深化本市农村集体产权制度改革发展壮大农村集体经济的若干意见》（京农发〔2017〕33 号），对全面推进和深化改革进行了全面安排，明确到 2020 年末，完成农村集体资产清产核资，建立农村集体资产动态监管机制，基本完成剩余难点村和重点乡镇的集体产权制度改革任务，进一步赋予农民对集体资产股份权能，全面落实好集体经济组织成员的集体收益分配权和对集体经济活动的民主监督管理权利等深化农村集体产权制度改革的目标任务。

（三）推进剩余难点村及重点乡镇的集体产权制度改革

为着力推进剩余难点村及重点乡镇的集体产权制度改革，北京市农委印发了《关于报送加快推进农村集体经济产权制度改革名单的通知》，明确了各区剩余村级、乡镇级产权制度改革的名单，建立了台账。同时，市农委、市农经办多次前往朝阳、海淀等重点区，深入乡镇、村进行调研，了解具体情况，指导开展工作。至 2018 年，全市已有 58 个难点村、12 个乡镇级集体经济组织启动改革。其中，朝阳区 20 个村级改革基本完成,4个乡的23个村级改革取得实质性进展;房山区、密云区积极推进难点村改革进程;石景山区、丰台区等区重点乡镇的集体产权制度改革取得阶段性进展。

（四）积极推进全国改革试点

海淀区作为2017—2018年度全国农村集体产权制度改革试点单位,各项试点任务稳慎推进。基本完成了村级组织账务分离试点和产权流转交易市场建设,有效探索财政保障村级基本公共服务支出和农村产权价值发现新路径。起草了股份经济合作社股权管理办法、示范章程、薪酬管理等制度文件,探索股权固化、继承及内部流转机制,规范股份社运行管理,完善集体经济收益分配制度。加强党对集体经济的领导,把党建工作要求写入示范章程。下发换届选举指导意见,推进党村、村务、财务三公开。在东升镇、海淀镇、玉渊潭完成改革的基础上,温泉镇和四季青镇镇级产权制度改革取得实质性进展。

（五）认真开展农村集体资产清产核资工作

为贯彻落实农业部等九部委《关于全面开展农村集体资产清产核资工作的通知》要求,北京市农委等十部门成立了全市农村集体资产清产核资工作指导组,研究制度了清产核资实施方案,印发了《关于全面开展农村集体资产清产核资工作的通知》和《北京市农村集体资产清产核资实施细则》。组织开展了全市动员部署和专题培训会,全面启动了北京市清产核资工作。各区也积极行动,密云区、顺义区等4个区已经印发了实施方案,成立了以区主要领导为组长的领导小组,开展了部署动员和专题培训。其他区也正在积极推进清产核资的前期各项工作。

第七节　天津市的探索与实践

《中共中央国务院关于稳步推进农村集体产权制度改革的意见》印发以来,天津市高度重视,突出党的领导,准确把握方向,多措并举扎实开展农村集体产权制度改革工作。

一、推进农村集体产权制度改革的主要措施

（一）突出坚持党的领导，健全推进改革的体制机制

天津市委、市政府主要领导同志先后多次就推进此项改革作出批示，并亲自审阅、修改、审定落实文件。经市委全面深化改革领导小组会议审议同意后，《中共天津市委天津市人民政府关于统筹推进农村集体产权制度改革的意见》（津党发〔2017〕45 号，以下简称《产改意见》）于 2017 年 9 月 30 日正式印发。《产改意见》明确规定市委全面深化改革领导小组对全市农村集体产权制度改革工作负总责，农业农村改革专项小组专门负责组织推动，市农委作为领导小组办公室承担日常工作。《产改意见》明确规定了改革的责任主体、部门任务分工和改革时间表、路线图等方面的具体要求，压实了各级各部门的工作职责。实践证明，在天津市委、市政府特别是主要负责同志的亲自谋划、部署下形成的这种推进改革的领导体制、推进机制，有效提高了各级党委、政府对此项改革的重视程度和推进力度。各区也都建立了"党委牵头、书记挂帅、党政共同推动"的领导体制和工作机制，有力保障了改革各项工作顺利推进。

（二）准确把握改革方向，构建推进改革的政策体系

为确保各级各部门推进改革不走样、不跑偏，天津市本着"全面贯彻中央有关要求、全面体现中央文件精神、紧密结合我市实际、统筹推进有关工作"的原则，将中央对此项改革的各项要求原原本本地体现到《产改意见》中。在《产改意见》框架下，围绕改革关键环节和重点任务，制定印发了改革工作指导规程、股份经济合作社和经济合作社示范章程、村集体经济组织成员资格认定指导办法、农村集体资产清产核资实施方案等政策指导性文件，已经基本形成了推进改革的"1＋N"政策体系，为各级各有关部门把握改革方向、落实改革任务提供了依据，为全

121

市统一、规范、稳妥推进改革提供了保障。目前,天津市正在对改革中的股权设置、股权管理、股权流转交易、成员登记备案、档案管理等政策办法进行深入调研和论证,计划随着改革的深入推进适时印发专门文件。

(三)开展宣讲培训督导,持续加强改革的组织推动

中央部署推进农村集体产权制度改革以来,天津市采取推动会、培训会、蹲点调研、印发资料和实地督查等形式,持续加强对改革的组织推动。天津市委、市政府专门召开了全市农村集体产权制度改革工作会议对改革工作进行了动员部署,专项小组召开全市范围推动会两次,专项小组办公室召开推动会10余次。专项小组办公室累计组织培训10余次,先后邀请农业农村部领导、外省市专家和基层改革实践典型,分层次、分区域开展政策宣讲和业务培训,培训人员达到7000余人次。分管市领导、市农委主要负责同志和分管负责同志先后20余次带队深入镇、村开展了调研督促和指导,组织召开推动会、座谈会10余次,全方位了解基层干部群众对改革的诉求和推进改革的具体情况。实施了"经管干部到基层蹲点调研指导农村集体产权制度改革专项行动",采取"分组结对包保、蹲点调研指导"的方式,由经管处、经管站全体干部组成4个专项工作组,联系包保10个涉农区,并定期深入镇、村进行蹲点调研,参与指导镇、村的改革工作。编印了《农村集体产权制度改革系列丛书》(一套三册),共计20000余本,下发各涉农区镇村,为改革工作提供指导。印发了《关于建立农村集体产权制度改革进展报告和督查制度》的通知,组织各区按月上报工作进展,并由专项小组办公室、市委改革办、市委督查室和市政府督查室开展了实地督查。

(四)研发应用信息系统,创新推进改革的工作方法

总结近几年的改革工作,做到改革工作流程规范、重点环节工作扎实、工作档案完整并实时掌握工作进度是提高工作效率、确保改革成果经得起历史和人民检验的关键。为此,天津市委托专业技术单位研发

了全市统一、四级联动、动态监管的《天津市农村集体资产管理信息系统》，设计了"产权改革工作""改革成果管理""集体财务监管""在线审计"4 个功能模块，并预留了与全国清产核资工作系统、登记赋码系统进行对接整合的端口。在"产权改革工作"模块中，将改革指导规程及各个环节、步骤中所涉的示范文本统一嵌入系统，实现了农村集体产权制度改革模式自主选择、工作流程步步规范、工作进度实时更新、工作动态实时掌握的效果，使各级各部门的领导、工作人员只要登录系统就能知道改革中要干什么、怎么做、做成什么样，有效提升了各级推进改革的工作效率和标准化水平。该模块已经上线试运行，另外 3 个模块也正在抓紧研发，为今后健全完善农村集体经济组织管理制度、集体资产监管制度和财务核算制度奠定基础，促进规范管理，发挥较好的作用。

二、农村集体产权制度改革的进展情况

天津市从 2015 年开始启动农村集体产权制度改革工作，当年宝坻区被列为第一批国家试点全面推开了改革，其他有关涉农区分别选择了两个村开展试点试验。2016 年年底中央作出总体部署后，天津市委、市政府确定了"到 2020 年底前基本完成改革任务"的目标（比中央要求提前一年）。各年度的具体安排是：2017 年，宝坻区作为第一批国家试点基本完成改革任务；滨海新区作为第二批国家试点，全面推开改革工作；其余 7 个区有 30% 以上的村推开改革。2018 年，东丽区、滨海新区基本完成；其余 7 个区有不低于 30% 的村基本完成，总体有 1000 个左右的村完成改革。2019 年，武清区基本完成改革任务。2020 年，全市基本完成改革任务。

截至 2018 年，全市应开展农村集体产权制度改革的 3700 余个村中，已有 2556 个村推开了改革，约占总村数的 70%；累计有 768 个村完成了改革，其中：成立股份经济合作社的有 160 个，成立经济合作社

的有 608 个(其中有 535 个为村委会代行职能的经济合作社),共确认村集体经济组织成员 57.7 万余人,量化村集体资产总额 36.76 亿元。

天津市宝坻区、滨海新区、武清区先后被列入三个批次全国试点。2018 年,宝坻区 750 个村已经全面完成改革任务并通过了专家组验收评估;滨海新区已经全面推开 139 个村的改革工作;武清区已经全面推开 600 余个村的改革工作。

第八节 陕西省西安市的探索与实践

近几年来,陕西省西安市按照中央和省委稳步推进农村集体产权制度改革的决策部署和"扩面、提速、集成"的总体要求,扎实开展农村集体产权制度改革,通过广泛动员培训、健全工作机制、加大经费投入、创新农村治理等有效措施,农村集体产权制度改革工作呈现出质量数量并重、规范有序、快速推进的良好局面,为实施乡村振兴战略提供有力支撑。全市农村集体产权制度改革共涉及 13 个区县、3 个开发区、188 个镇街、2297 个行政村(社区),截至 2018 年 10 月底,全市累计完成清产核资 1984 个村,占全市总村数的 86%,清查出资源性资产 745.63 万亩、经营性资产 40.27 亿元、非经营性资产 98.16 亿元;成立股份经济合作社 1301 个,占全市总村数的 57%。西安市的主要做法是:

一、领导高度重视,亲自推动改革

2017 年以来,西安市委、市政府主要领导先后 11 次就落实全省产权制度改革要求、推动全市产改工作做出重要批示;先后 4 次召开市委常委会、深改会议、市政府常务会议、追赶超越专题会议研究部署全市产权制度改革工作。市委副书记、分管副市长先后 10 次召开专题会议,并多次赴周至县、鄠邑区等区县进村入户调研产权制度改革工作。市人大、市政协每年都对产改工作进行专题调研。全市、区县两级党委、政府领导累计召开推进会、专题会共 69 次,专门督导检查产改工作共 45 次。

二、提早谋划安排,精心准备实施

《中共中央国务院关于稳步推进农村集体产权制度改革的意见》印发后,特别是全国农村集体产权制度改革工作电视电话会议召开后,西安市委、市政府高度重视,要求尽快形成西安市贯彻落实会议精神的实施方案。随后,在摸清全市农村集体产权制度改革现状和外出考察学习(组织各区县赴上海、安徽、哈尔滨市等地考察学习)的基础上,经广泛征求意见,形成了《西安市稳步推进农村集体产权制度改革的实施方案》。2017 年 7 月,西安市委、市政府印发了该《实施方案》(市字〔2017〕83 号),成立了农村集体产权制度改革领导小组,明确了西安市推进农村集体产权制度改革的指导思想、基本原则、目标任务、重点工作、实施步骤和保障措施。

三、周密安排部署,明确各级责任

2017 年 7 月 26 日至 28 日,西安市召开了为期两天的农村集体产权制度改革动员培训会,全面拉开了西安市农村集体产权制度改革大幕。8 月 10 日,市委、市政府召开了全市农村集体产权制度改革推进会,市委副书记出席会议并讲话,分管副市长对全市农村集体产权制度改革工作进行了再动员、再安排、再部署。按照中央和省市相关要求,全市 13 个区县和西咸新区、国际港务区全部成立了领导小组和办公室,将农村集体产权制度改革工作纳入年度目标责任考核和追赶超越重点工作,各镇街也全部成立了由党委书记为组长的领导小组和办公室。建立健全了市、区县、镇街、村"四级书记"抓改革的工作机制,实现了全市城中村、城郊村,经济发达村和远郊涉农区县农村集体产权制度改革工作全覆盖。

四、广泛宣传动员、强化业务培训

编印《西安市农村集体产权制度改革文件资料汇编》和《西安市农村集体产权制度改革学习培训资料汇编》培训教材,制定市级改革工作流程图、村级改革工作步骤图、清产核资工作流程图、村集体经济组织流程图等配套资料。成立讲师团,赴区县、开发区开展政策宣讲和培训。举办了以"深化农村集体产权制度改革,积极实施乡村振兴战略"为主题的高端论坛,编印了《西安市农村集体产权制度改革高端论坛嘉宾演讲资料汇编》。各区县、开发区也相应成立了产权制度改革讲师团,深入镇街和村组开展形式多样的政策宣传和业务培训,通过发放致村民的一封公开信、口袋书、宣传册等方式对改革的政策和操作步骤等内容进行宣传,充分调动农民群众参与改革的积极性。截至 2018 年,全市累计召开政策宣讲和政策培训共 376 场次,培训人数 52427 人次,制定产改培训资料汇编 4460 本,省市各级媒体宣传报道 155 次,制作宣传彩页 29 万份,横幅 5098 个,口袋书 3.63 万本,各类宣传展板 849块,宣传纸杯 47 万个,致村民一封信 9.8 万张,美篇 801 篇。

五、健全工作机制,推动责任落实

为扎实推进全市农村集体产权制度改革,西安市专门制定了推进工作的"四项工作机制",即组织领导机制、部门包抓机制、督导落实机制、信息报送和考核考评机制,形成了一级抓一级、层层抓落实的良好工作局面。严格落实双周汇报会、月例会、季点评(排名次)、半年小结、年终考评(排名次)通报五项会议制度。在每月例会上对各区县和开发区作点评、提问题、排名次、推广好的做法、部署重点工作;每季度全面检查督导各区县、开发区产改工作,并将工作进展情况报送至陕西省农业厅,西安市委、市政府相关领导和各成员单位,区县党委、政府。产改工作开展以来,市级累计召开月例会、季度点评、年终考评等各类工作推进会 34 次。

六、筑牢改革基础，强化支撑保障

为引导农村产权规范流转和交易，西安市印发了《关于加快农村产权流转交易市场建设发展的实施意见》（市政办发〔2016〕96 号），确立了"市级统一建设农村产权流转交易服务中心，区县、镇街有实体交易中心、村有服务站"的四级农村产权流转交易服务体系。市农村产权流转交易服务中心已建成并投入运行，10 个涉农区县和西咸新区、空港新城共成立了 12 个农村产权交易中心。镇（街）、村也逐步建立了农村产权交易服务中心、站，实现了市、区、镇、村四级联动的产权交易体系。截至 2018 年，全市累计开展抵押担保贷款业务金额 1.04 亿元，开展交易 1065 宗，成交金额 4.18 亿元。市财政积极落实扶持农村集体经济组织发展工作经费，2017 年市财政为 40 个改革试点村按照每村 10 万元标准拨付了 400 万元改革工作补助经费，2018 年又为 1200 个行政村拨付了 1.2 亿元改革工作补助经费。为确保贫困村有壮大集体经济发展的启动资金，市级财政给 142 个省定贫困村按照每村 50 万元标准共拨付了 7100 万元发展启动资金。各区县、相关开发区为产权制度改革筹措落实工作经费共计 6552 万元。

七、把握工作重点，规范程序操作

一是全面开展清产核资。按照《陕西省农村集体资产清产核资工作实施方案》的要求，以及"谁拥有所有权谁清查、全面彻底、准确无误"的工作原则，西安市农林委制定并印发了《关于进一步加强和规范清产核资工作的指导意见（试行）》《农村集体资产清产核资工作办法（试行）》《关于进一步加强农村集体"三资"管理的指导意见（试行）》《西安市农村产权交易指导意见（试行）》等产改工作文件，要求查实村级各类资产、资金、债权债务情况，切实做到账证相符、账实相符、账款相符、账

127

账相符、账物相符,进一步规范了产改工作的具体要求。同时,建立了西安市农村集体资产清产核资工作局际联席会议制度,统筹协调指导全市农村集体资产清产核资工作。西安市正在完善农村集体资产监督管理平台,把农村集体资产台账、农村集体产权制度改革等内容纳入平台管理,提高农村集体资产监督管理水平和效率,推动农村集体资产财务管理制度化、规范化、信息化。二是科学确认成员身份。特别是综合考虑集体积累的贡献等因素,以审慎的态度做好集体经济组织成员身份的确认工作。三是合理规范股权设置。对于股权设置中涉及群众利益的重大事项,实行民主决策,按照股东代表和董事会成员达到"双三分之二"的原则进行表决,有效防止少数人操控,实现了群众利益的最大化。

八、创新治理体系,健全管理机制

为高质量、高标准推进产改工作,西安市创新出以"654321"为标准的农村治理建设体系。"6"是指在村党支部领导下,由村委会、村监事会、村集体经济股份合作社、村产权交易中心、村政务服务中心并行的治理结构体系。"5"是实现在选民资格、组织功能、干部管理、资产账目、议事决策上的"五分离"。"4"是实现农户家庭电视屏、电脑屏、手机屏(APP 或公众号)、村集体电子显示屏"四屏"公开信息化管理模式,将群众的知情权、参与权、表达权、监督权落到实处。"3"是实现行政管理、经济管理、产权交易管理三分离。"2"是在每个区县着力打造两个以上市级示范村,在每个镇街着力打造两个以上区县级示范村。"1"是每个村都成立股份经济合作社。村集体经济股份合作社下设"三会":董事会、监事会、股东(代表)大会,董事会下设"五部门":资产管理部、市场开发部、生产经营部、成员服务部、财务管理部。通过创新农村治理建设体系,健全组织管理机制,引导股份经济合作社依法运行、依章办事、依规管理,有效维护了股东的合法权。

九、狠抓示范建设，典型引领推进

自农村集体产权制度改革工作开展以来，西安市狠抓产改示范村建设，通过改革试点，涌现出鄠邑区王坊村、胡家庄村、李家岩村，灞桥区务东村，蓝田县东邓村、山王村，碑林区西何家村，沣东新城和平村，临潼区门岩村等一批改革示范村，为各区县、开发区的产权制度改革工作起到了良好的示范引领作用。王坊村地处鄠邑区西南，主导产业以大棚瓜菜、葡萄、猕猴桃为主，属于传统农业生产村，经济基础薄弱。经过产改后，股份经济合作社以 75 亩建设用地入股，成功引入西安大宇电器有限公司落地王坊村，企业总投资 6000 万元，同时安排村内 35 人在企业就业，村民不仅在企业领取工资，还能分到红利；经过全面考察，合作社又选择了无添加石磨面粉加工项目，并投资 190 万元，兴办了合作社粮油加工厂，大力开发无公害粮油产品。现在的王坊村党组织聚焦基层党建，村委会强化社会管理服务，集体经济组织承担集体资产经营管理，形成了农村经济社会发展新的"三驾马车"。碑林区西何家村地处西安市南二环和太白路交会处，商业建筑 75724 平方米，交通便利，集体资产雄厚。西何家村率先实行政经分离，在产权制度改革后，社区建设由两委会管理，成立股份经济合作社管理集体资产，同时成立西何实业集团，引进外部资本投资建设西何社区。西何家村人均商业面积 65 平方米，年人均集体分红 2 万余元，合作社为村民安排工作，解决村民就业难的问题，并从集体股中报销股东的合作医疗剩余部分，带领老百姓提前步入了小康行列。

十、抢抓历史机遇，整市全面推进

2018 年上半年，西安市政府印发了《关于深化农村集体产权制度改革，加快推进"三变"步伐的实施意见》（市政办〔2018〕58 号），提出2018 年基本完成农村集体资产清产核资工作，完成 1300 个村集体产权制度改革任务,同步推进 142 个贫困村"三变"改革。2018 年 6 月 12 日,农业农村部印发了《关于确定农村集体产权制度改革试点单位的函》(农经函〔2018〕5 号),正式将西安市列为 2018 年全国农村集体产权制度改革整市推进试点单位;8 月 30 日,西安市印发了《西安市农村集体产权制度改革整市推进试点方案》(市政办发〔2018〕88 号),明确了全面开展清产核资工作、界定集体经济组织成员身份等八项试点任务,对整体推进试点工作进行了安排部署,要求各相关单位加快出台支持农村集体经济发展的优惠政策;8 月 31 日,西安市委、市政府召开农村集体产权制度改革整市推进试点工作动员大会,对全市推进产改工作进行了再动员再部署。

第八章

农村集体经济组织的法律规范和立法修法

邓小平提出了关于农业改革的"两个飞跃"思想,指出"第一个飞跃"是"废除人民公社,实行家庭联产承包为主的责任制。这是一个很大的前进,要长期坚持不变"。而"适应科学种田和生产社会化的需要,发展适度规模经营,发展集体经济",是更为重要的"第二次飞跃"。所以,邓小平提出中国农业发展"总的方向是发展集体经济"。这里的家庭联产承包责任制和适度规模经营,都是就农村集体经济的实现形式而言的,二者都是发展集体经济的方式。农村集体经济是中国农业向现代化前进的不可动摇的基础,它具有个体经济所不能比拟的优越性,因此必须坚持农村集体经济制度。党的十八大以来,中央也多次在历年的中央一号文件中强调加强农村集体经济组织的立法工作。

■ 第一节 现有法律法规梳理

现阶段中国法律体系已形成较为完整的农村集体经济法律规范,查询中国法律法规检索信息系统,在全国人大及其常务委员会制定的法律文件中涉及"农村集体经济"法律规定有 50 件,包括《宪法》《物权法》《农业法》《农村土地承包法》《土地管理法》《土地承包经营仲裁法》《村民委员会组织法》《农业技术推广法》《城乡规划法》等。在国务院制定的行政法规中,涉及的相关规定有 44 件,包括《土地管理法实施条例》《乡村集体所有制企业条例》《基本农田保护条例》等。"立法者对法律功能及其实现机制的设计直接限度着法律实现的状况。"①在这些法律规范中,赵宇霞、褚尔康(2014 年)研究提出,根据调整对象的不同,可以从三个层面进行梳理。

一、从宪法层面:以集体所有制为基本原则

《宪法》明确规定:"中华人民共和国的社会主义经济制度的基础是生产资料的社会主义公有制,即全民所有制和劳动群众集体所有制。"从宪法层面上理解,集体经济是与全民所有制经济并列的生产资料归部分劳动者共同所有的一种社会主义公有制经济。同时,《宪法》还具体规定:农村集体经济组织实行家庭承包经营为基础、统分结合的双层经营体制。"农村人民公社、农业生产合作社和其他生产、供销、信用、消费等各种形式的合作经济,是社会主义劳动群众集体所有制经济。参加农村集体经济组织的劳动者,有权在法律规定的范围内经营自留地、自留山、家庭副业和饲养自留畜。"

从 1982 年《宪法》的相关条文看,其一,确定了农村集体经济具有公有制性质,它是社会主义经济制度的基础;其二,提出了农村集体经济组织概念,明确了以家庭承包经营为基础、统分结合的双层经营体制,是现阶段农村集体经济的主要实现形式;其三,指出了农村中的生产、供销、信用、消费等多种合作经济,是农村集体经济灵活有效的运行方式;其四,规定了参加农村集体经济组织的劳动者法律主体地位,确保其享有在法律规定的范围内从事家庭经营活动的权利。其中最重要、最根本的是第一项内容,即农村集体经济是农村生产资料归农村劳动群众集体所有的经济形式。其他几点都是在这一基础上生发和延伸

---

① 赵宇霞、褚尔康:《对中国农村集体经济法律规范的思考》,《毛泽东邓小平理论研究》2014 年第 5 期。

出来的。

从法律效力上讲,宪法是保证党和国家兴旺发达、长治久安的根本大法,具有最高权威。所以,《宪法》从所有制层面对中国集体所有权制度发展作出法律规定,提出国家保护、鼓励、指导和帮助集体经济的发展的基本原则,是其他各位阶法律规范制度设计必须遵循的最高准则。

二、从民法层面:以财产所有权为调整对象

《民法通则》第七十四条规定:"劳动群众集体组织的财产属于劳动群众集体所有。"《物权法》第五十九条将上述权利进一步明确为属于本集体成员所有的"不动产和动产",具体包括:一是法律规定为集体所有的土地和森林、山岭、草原、荒地、滩涂等;二是集体经济组织的财产;三是集体所有的建筑物、水库、农田水利设施和教育、科学、文化、卫生、体育等设施;四是集体所有的其他财产。在法律规定的农村集体经济所有权客体中,最重要的是农村集体所有土地。《宪法》明确界定了"农村和城市郊区的土地,除由法律规定属于国家所有的以外,属于集体所有;宅基地和自留地、自留山,也属于集体所有"。在《农业法》等部门法中,具体提出土地"是指农民集体所有和国家所有依法由农民集体使用的耕地、林地、草地,以及其他依法用于农业的土地"。对于农村集体土地所有权和使用权的关系,《农村土地承包法》第十二条规定:"农民集体所有的土地依法属于村农民集体所有的,由村集体经济组织或者村民委员会发包;已经分别属于村内两个以上农村集体经济组织的农民集体所有的,由村内各该农村集体经济组织或者村民小组发包。国家所有依法由农民集体使用的农村土地,由使用该土地的农村集体经济组织、村民委员会或者村民小组发包。"

从民法法律层面理解,所谓的集体所有权是指一定团体或社区在其成员平等、民主的基础上形成的集体共同意志,对其财产进行占有、

使用、收益和处分的权利。这里的财产权是由生产资料的所有权和使用权所衍生的,由于现阶段农村集体经济中家庭承包者既是所有权人(与其他劳动者共同所有),又是使用权人,二者在本质上是统一的,所以凡属于集体共有性质的财产收益,农民都有权主张,其整体利益和长远利益应予以维护。农村集体所有的土地发包给农民,是农村集体经济组织所有权和使用权的适当分离,以家庭为单位的承包制使土地财产权直接下移至农民的手中。可见,民法层面的相关法规,重点集中在与所有权、使用权相关联的财产权保障,属于农村集体经济运行的层面。

三、从经济法层面:以生产经营权为规范重点

作为农村集体经济的经营管理主体,村级集体经济组织负责经营管理集体经营性资产及其收益。《农业法》第十条规定,其担负的基本职责是"在家庭承包经营的基础上,依法管理集体资产,为其成员提供生产、技术、信息等服务,组织合理开发、利用集体资源,壮大经济实力"。在国务院发布的《乡村集体所有制企业条例》中规定,"农村集体企业的所有权主体为投资该企业的乡或者村范围内的全体农民集体所有,由乡或者村的农民大会(农民代表大会)或者代表全体农民的集体经济组织行使企业财产的所有权"。这表明了农村集体企业的所有权主体包括投资该企业的全体农民,或代表全体农民的集体经济组织,并由其行使企业财产所有权。

在《村民委员会组织法》中,明确赋予了村民委员会"依照法律规定,管理本村属于村农民集体所有的土地和其他财产"的法律职能。但是,为了与《宪法》所确立的"政社分离"原则相一致,《村民委员会组织法》又提出,"村民委员会应当尊重集体经济组织依法独立进行经济活动的自主权,维护以家庭承包经营为基础、统分结合的双层经营体制"。这两种表述之间存在一定的矛盾,即村民委员会承担着管理本村属于

村农民集体所有的土地和其他财产的职能，却不是依法独立进行经济活动的集体经济组织主体，这就使村民委员会在农村集体经济的组织管理和实际运作中处于尴尬的境地。《土地管理法》第十条规定："农民集体所有的土地依法属于村农民集体所有的，由村集体经济组织或者村民委员会经营、管理；已经分别属于村内两个以上农村集体经济组织的农民集体所有的，由村内各该农村集体经济组织或者村民小组经营、管理；已经属于乡（镇）农民集体所有的，由乡（镇）农村集体经济组织经营、管理。"这一规定使得农民集体所有土地的经营管理主体更为宽泛，包括了村级或村内各集体经济组织、村民委员会、村民小组、乡（镇）农村集体经济组织等。规定中所述的经营主体，是与农村土地的使用权属紧密相联的。

在多部法律法规中对农村集体经济经营主体的不同规定，造成了现实中村集体经济组织、村民委员会、村民小组等在职能、机构和人员等方面重合与交叉，甚至出现一些概念界定的矛盾。如集体产权归谁所有，根据《宪法》第六条规定，集体所有制是中国两大公有制形式之一。但长期以来关于农村集体资产归谁所有、集体所有权的权利主体究竟是谁，一直没有一个明确、统一的说法。《宪法》第六条使用的是"劳动群众集体所有"，《民法通则》第七十四条使用的是"劳动群众集体所有""村农民集体所有"和"集体经济组织所有"，《土地管理法》第八条使用的是"农民集体所有"，《物权法》第五十九条使用的是"成员集体所有"。由此可见，在集体产权的权利主体上，按时间顺序，先后有"劳动群众集体所有""农民集体所有""集体经济组织所有"和"成员集体所有"四种不同表述。我们主张沿着《物权法》的思路界定集体产权的权利主体，明确规定集体产权属于成员集体所有，而不是集体经济组织或村民委员会所有，更不是村干部所有。因此，以生产经营权为规范重点，统一同一层面的法律表述，应是完善现行法律法规的一项重要工作。

■ 第二节　立法立规建议

　　农村集体经济组织是中国社会主义公有制的有效实现形式之一，承载着保障 9 亿农民基本经济权益，促进农业稳步发展、农村和谐稳定的重大经济社会功能。党和政府长期坚持发展农村集体经济的政策取向，但这一政策预期在实践中未能很好地落实，究其原因主要是缺乏法律保障。从上海、北京、广东、江苏、浙江等地的实践表明，如不尽快采取有力措施加快立法进程，健全农村集体经济组织，将使亿万农民丧失维护自身合法经济权益的法律保障，丧失长久获得农村集体资产收益分配的合法权利，丧失以清晰产权归属为前提巩固农村基层政权和执政基础的基本载体。为此，建议加快立法进程，赋予农村集体经济组织法人地位，营造与其他所有制经济主体同等受法律保护和支持的体制机制、政策环境，维护亿万农民的基本经济权益，稳步探索农村集体经济的有效实现形式。需要提出的是，确立农村集体经济组织法人地位，必须由全国人大制定法律；同时对现行的《物权法》《民法通则》《农村土地承包法》《土地法》《村民委员会组织法》等有关法律中农村集体产权制度及相关职能交叉不清的，应及时进行修改完善。地方人大可就加强农村集体资产监管等制定地方性法规。

一、对国家层面起草《农村集体经济组织法》的建议

　　一是明确法律地位。现有市场主体中没有现成的主体能与农村集体经济组织完全对应，而要尽快构建新型微观经济主体，则亟须通过立法来明确集体经济组织的法律地位。将村民自治组织和村级集体经济组织分开，自治组织不是政权组织，尽管接受政府委托办理某些事务，但是一种行政委托关系，不是直接行使行政权，所管理的村事务，法律已明确为公共事务和公益事业，因此将村民自治组织定义为：依法办理

与村民利益相关的村内公共事务和公益事业,协助基层政权办理部分委托事务,实现村民的自我管理、自我教育、自我服务和自我发展的组织。考虑到农村集体经济组织发展的历史继承性,可以明确农村集体经济组织是在农村集体所有制基础上建立的,以区域土地为核心或以资产为纽带的集体生产资料所有权的代表者,是农村集体经济组织的载体,是与村民委员会并列的经济组织实体。

二是明确职责权限。基层政府、村民自治组织和集体经济组织的职能是完全不同的,前者是农村社区公共事务的管理者,公共服务和产品的提供者,而后两者则是农村集体经济的经营者,为集体经济组织成员提供服务,两者的性质、宗旨明显不同,主要表现在:第一,作为公共事务者,它的宗旨是从事公益事务,不具有营利性,不承担市场风险。而农村集体经济组织,它拥有农村集体资产,其目的是用集体资产实现农民的生产和福利,开展经营活动并承担一定的市场风险;第二,农村集体经济组织是经济组织,其法人财产完全按市场规则动作,有独立的运营模式;第三,农村集体经济组织以利润最大化为目标。基层政权及村民自治组织以服务村民、贯彻执行党和政府的政策法规为目标,同时健全完善集体资产和财务管理等制度,建立健全现代农村集体资产与财务管理体系。因此在立法中予以明确规定,同时建议修改《村民委员会组织法》第五条,删除村民自治组织有经济职能的规定。

三是规范运行机制。首先,应按照"因地制宜、区别对待、制定规则、稳步推进"的原则,实事求是地确定农村集体经济组织成员认定标准。其次,应建立健全农村集体经济组织产权制度和内部法人治理结构,通过明确组织与成员的财产关系,建立起以产权联结为纽带、成员共享发展成果、激励成员齐心协力共同发展集体经济的长效机制。再次,应明确农村集体经济组织的机构设置、表决制度、"三资"管理制度、重大事项公开制度、章程制度等管理制度。最后,应明确农村集体经济组织的收益分配制度。

137

四是优化发展环境。首先,要加强国家对农村集体经济组织的政策支持,要将村民委员会的运转经费纳入公共财政支持体系,剥离农村公共服务职能,减轻负担,使农村集体经济组织轻装上阵。其次,理顺农村集体经济组织与基层政府及村委会的关系。要将职能、机构、财务、资产等分开,以保障集体经济组织的独立运作。最后在工商、税务、房产等方面就促进集体经济发展制定相关的扶持政策。

二、对省级层面《农村集体资产监督管理条例》的建议

一是明确总体要求。通过立法,贯彻落实相关法律法规以及党中央、国务院及农业部关于加强农村集体"三资"管理的文件精神,不断稳定和完善农村基本经营制度,增强农村集体经济发展活力,真正维护好、实现好和发展好农村集体经济组织和成员的合法权益。同时,将省级地方在加强农村集体"三资"监督和管理方面的改革思路、创新举措和科学手段通过法律的形式使之制度化、规范化和合法化。从法律的高度对省级农村集体资产监督管理体系和管理工作提出明确要求,建立省级、区、镇、村集体资产监督管理体系,形成集体资产长效监督管理制度,从而促进省级农村集体资产管理工作真正走上法制化轨道。

二是明确主要内容。立法的主要内容可以围绕"组织体系化、制度规范化、管理信息化、监督多元化、产权明晰化"的工作目标,从加强省级农村集体资产监督管理的目的、适用范围、组织机构、产权界定、制度建设、管理手段、监督检查和处罚措施八个方面对农村集体资产监督管理工作提出具体要求。

(一)立法目的

加强农村集体资产监督管理立法的主要目的是提升省级农村集体资产监督管理的法制化、规范化、科学化水平,从而保障新型农村集体经济组织的健康培育与农村集体经济的良性发展,切实维护好农村集

体经济组织成员的所有权、分配权、处置权、监督权等合法权益。

（二）适用范围

凡在本行政区域内的乡（镇）、村、队（组）成员以生产资料集体所有制形式建立的集体所有、合作经营、民主管理、服务成员的社区性农村集体经济组织均属于本行政区域农村集体经济组织范畴。

（三）组织体系化建设

建立健全层级清晰、职责明确、运转有效的多层次农村集体资产监管组织体系。各乡（镇）、村、队（组）应当健全农村集体经济组织，负责行使农村集体资产的所有权和经营管理权。在市、区（县）、乡（镇）层面，成立各级集体资产监督管理委员会，在党委、政府领导下，具体负责各级集体资产管理的指导、协调、监督和检查工作。在市、区（县）、乡（镇）层面建立健全相对应的农村经营管理机构，具体负责各级集体资产监督管理委员会的日常工作，除指导监督农村集体资产管理工作之外，还要负责指导开展农村集体经济组织产权制度改革、农民负担调查、土地承包与流转、农村收入统计、农村财务管理与审计、农村经营管理信息化建设等工作。在市、区（县）业务主管部门层面，由市、区（县）农业行政管理部门负责本市内农村集体资产管理的指导、监督、协调和服务工作。市、区（县）财政、审计、民政、规土、编办、工商、税务、监察、国资等其他相关职能部门也要积极配合做好农村集体资产的监管工作。

（四）产权明晰化建设

对农村集体资产进行概念界定，对农村集体资产的产权权属进行说明，对农村集体资产的分账管理，农村镇、村两级的集体经济组织产权制度改革等产权管理中的重点问题提出明确要求。

（五）制度规范化建设

从农村集体资产的经营管理权和收益分配权出发，对农村集体资产的经营方式、民主管理程序、收益分配等进行制度化安排，特别强调农村集体经济组织成员对集体资产的处置等行为享有民主决策监督的权利。

（六）管理信息化建设

从完善会计电算化等多项财务管理制度，健全农村集体资产信息化监管体制，采取多样化的信息化监管手段等方面作出具体规定。

（七）监督多元化建设

多元化的监督方式应当包括内部审计监督、外部审计监督、任期审计监督、重点审计监督、专项审计监督、离任审计监督、行政监督、考核监督、舆论监督等多种形式，尤其是要注重发挥外部审计监督、舆论监督等社会力量，切实保障农村集体资产的安全有效运作。

（八）违法行为的处罚

对侵占、哄抢、私分、破坏集体资产的，由农业行政管理部门责令赔偿、罚款，构成犯罪的，依法追究刑事责任。对弄虚作假、销毁账簿、违规处置集体资产等违法行为，由区（县）农业行政主管部门给予警告和罚款，构成犯罪的，依法追究刑事责任。对从事农村集体资产管理的工作人员出现滥用职权、徇私舞弊等行为的，给予行政处分，构成犯罪的，依法追究刑事责任。

■ 第三节　修改法律建议

由于形势的发展和改革的深入，涉及农村集体经济与农村产权制度改革相关的现行法律，需要及时进行修改完善（国务院发展研究中心农村部，2015 年）。

一、《宪法》（1982 年通过，2018 年第五次修正）

第八条，现行规定"农村中的生产、供销、信用、消费等各种形式的合作经济，是社会主义劳动群众集体所有制经济"。

修改建议:取消。

修改理由:合作经济是私有产权的联合与合作,不属于集体所有制经济;根据集体所有制的成员权特征,非劳动年龄人口也可以成为集体成员。

第十条,现行规定"城市的土地属于国家所有"。

修改建议:城市的土地属于国家所有,但城市市区内符合规划和用途管制的集体所有制土地不必征收为国家所有。

修改理由:缩小征地范围的需要。

二、《民法通则》(1986 年通过)

第七十四条,现行规定"集体所有的土地依照法律属于农民集体所有,由村农业生产合作社等农业集体经济组织或者村民委员会经营、管理。已经属于乡(镇)农民集体经济组织所有的,可以属于乡(镇)农民集体所有"。

修改建议:农民集体所有的土地依法属于村民集体所有的,由村集体经济组织或者村民委员会经营、管理;已经分别属于村内两个以上农村集体经济组织的农民集体所有的,由村内各该农村集体经济组织或者村民小组经营、管理;已经属于乡(镇)农民集体所有的,由乡(镇)农村集体经济组织经营、管理。

修改理由:与现实中的三级集体土地所有权对应;与同位法《农村土地承包法》和《物权法》统一。

三、《物权法》(2007 年通过)

第一百二十五条,现行规定"土地承包经营权人依法对其承包经营的耕地、林地、草地等享有占有、使用和收益的权利"。

修改建议:土地承包经营权人依法对其承包经营的耕地、林地、草地等享有占有、使用、收益和部分处分的权利。

141

修改理由：土地承包经营权权能不仅包括占有、使用、收益权能，也包括转让、出租、有偿退出、抵押、担保等大部分处分权能。

第一百二十六条，现行规定"耕地的承包期为三十年。草地的承包期为三十年至五十年。林地的承包期为三十年至七十年；特殊林木的林地承包期，经国务院林业行政主管部门批准可以延长"。

修改建议：耕地、草地、林地的承包期为七十年；特殊林木的林地承包期，经国务院林业行政主管部门批准可以延长。

修改理由：落实"长久不变"；与国有土地最高出让年限一致。

第一百五十二条，现行规定"宅基地使用权人依法对集体所有的土地享有占有和使用的权利"。

修改建议：宅基地使用权人依法对集体所有的土地享有占有、使用、收益和部分处分的权利。

修改理由：适应宅基地使用权流转和农民住房财产抵押、担保、转让的需要。

第一百八十三条，现行规定"乡镇、村企业的建设用地使用权不得单独抵押。以乡镇、村企业的厂房等建筑物抵押的，其占用范围内的建设用地使用权一并抵押"。

修改建议：取消。

修改理由：赋予集体经营性建设用地使用权更充分权能的需要。

第一百八十四条，现行规定"下列财产不得抵押：……（二）耕地、宅基地、自留地、自留山等集体所有的土地使用权，但法律规定可以抵押的除外"。

修改建议：取消。

修改理由：赋予承包地经营权、宅基地使用权更大权能的需要。

四、《担保法》(1995 年通过)

第三十六条，现行规定"乡（镇）、村企业的土地使用权不得单独抵押。以乡(镇)、村企业的厂房等建筑物抵押的,其占用范围内的土地使用权同时抵押"。

修改建议:取消。

修改理由:赋予集体经营性建设用地使用权更充分权能的需要。

第三十七条,现行规定"下列财产不得抵押:……(二)耕地、宅基地、自留地、自留山等集体所有的土地使用权"。

修改建议:取消。

修改理由:赋予承包地经营权、宅基地使用权更大权能的需要。

五、《城市房地产管理法》(1994年通过,2007年修正)

第九条,现行规定"城市规划区内的集体所有的土地,经依法征用转为国有土地后,该幅国有土地的使用权方可有偿出让"。

修改建议:取消。

修改理由:落实"在符合规划和用途管制前提下,允许农村集体经营性建设用地出让、租赁、入股,实行与国有土地同等入市、同权同价"的需要。

六、《村民委员会组织法》(1998年通过,2010年修订)

第八条,现行规定"村民委员会依照法律规定,管理本村属于农民集体所有的土地和其他财产"。

修改建议:在未成立集体经济组织的地方,村民委员会依照法律规定,可以管理本村农民集体所有的土地和其他财产。

修改理由:集体产权的行使主体以集体经济组织为第一顺序人,只有在未成立集体经济组织的地方才能由村民委员会行使管理权利。

第二十四条,现行规定"涉及村民利益的下列事项,经村民会议讨论决定方可办理……(四)土地承包经营方案;(五)村集体经济项目的立项、承包方案;(六)宅基地的使用方案;(七)征地补偿费的使用、分配方案;（八）以借贷、租赁或者其他方式处分村集体财产……"

修改建议:在未成立集体经济组织的地方,下列事项经村民会议讨论决定方可办理……（四）土地承包经营方案;（五）村集体经济项目的立项、承包方案;（六）宅基地的使用方案;（七）征地补偿费的使用、分配方案;（八）以借贷、租赁或者其他方式处分村集体财产。

修改理由:涉及集体财产和成员权益的事项,必须由本集体成员集体讨论决定,只有在未成立集体经济组织的地方才能由村民会议讨论决定。

第二十八条,现行规定"属于村民小组的集体所有的土地、企业和其他财产的经营管理以及公益事项的办理,由村民小组会议依照有关法律的规定讨论决定"。

修改建议:在未成立集体经济组织的地方,属于村民小组农民集体所有的土地、企业和其他财产的经营管理以及公益事项的办理,由村民小组会议依照有关法律的规定讨论决定。

修改理由:集体产权的行使主体以集体经济组织为第一顺序人,只有在未成立集体经济组织的地方才能由村民小组会议行使管理权利。

第四节　农村集体经济组织法的立法相关问题

《民法总则》将农村集体经济组织规定为特别法人。尽管学界对农村集体经济组织已有许多研究,但对特别法人定位下的农村集体经济组织立法,尤其是应当如何设计《农村集体经济组织法》的研究相对较少。尤其是在实施乡村振兴战略的背景下,更迫切需要制定《农村集体经济组织法》。在特别法人定位下,应当如何设计《农村集体经济组织法》,需要认清现实问题,从农村集体经济组织的现代性出发,以系统、协同为视角,形成农村集体经济组织的立法方案。

一、农村集体经济组织法人的特殊性

农村集体经济组织法人在《民法总则》中被定位为四种特别法人之一，既不属于营利法人，也不属于非营利法人。就农村集体经济组织法人来看，其特殊之处在于：

第一，目的上的特殊性。农村集体经济组织的原型是农业生产合作社。作为合作社，它不同于其他经济组织的特点，集中体现为以劳动者之间的互助和服务为己任，以为社员提供服务为最高原则，而不是以追求利润为己任。正是合作社的服务原则，才吸引了前后无数的劳动者自愿联合起来，采取这种组织形式，以达到自身生产或生活条件的改善。《农业生产合作社示范章程草案》第一条即明确规定，"农业生产合作社是劳动农民的集体经济组织……它统一地使用社员的土地、耕畜、农具等主要生产资料，并且逐步地把这些生产资料公有化；它组织社员进行共同的劳动，统一地分配社员的共同劳动成果"，目的是"要逐步地用生产资料的劳动群众集体所有制代替生产资料的私人所有制"。发展至今日，农村集体经济组织的制度目的没有发生根本改变，实行"家庭承包经营为基础、统分结合的双层经营体制"，对内追求成员的互助公益，对外可以从事经营活动以获利即具有营利性。由此可见，农村集体经济组织法人既不属于营利法人，也不属于《民法总则》第八十七条第一款规定的非营利法人。

第二，成立上的特殊性。农村集体经济组织法人属于新中国成立后、在农村社会主义改造过程中成立的农业生产合作组织，即已经具有存在的历史性。历经人民公社、联产承包责任制等时代变迁，正如后文将要论述的，农业生产合作社"形"已灭但神还在，无论是否有生产队、股份或者公司等形式，作为组织体始终存在，其财产一直存续，其功能一直在不同程度地发挥着。即使如一些地方对原人民公社、生产大队、生产队建制进行改革、改造、改组形成的新的合作经济组织，如农工商公司、经济合作社、股份合作经济公司等,但仍然为原人民公社、生产大队、生产队的"组织异化",不存在成立与否的问题。

第三,财产上的特殊性。农村集体经济组织法人的原始财产是原农业生产合作社的社员将自己所有的生产资料(土地、较大型的农具、耕牛等)所有权移转给合作社而形成的,财产的最主要部分是土地。因此,农村集体经济组织法人是除国家以外我国能对土地享有所有权的唯一主体。除土地等生产资料以外,农村集体经济组织法人的财产基本上是原人民公社、生产大队、生产队通过生产劳动、开展多种经营等积累而来的。近年来,国家对农村如道路建设、水利建设等方面进行了一些政策性投入,其中也融入了当地农民的集资投入。

第四,成员构成上的特殊性。因农村集体经济组织法人根源于农业生产合作社,而原农业生产合作社社员在将自己所有的生产资料(土地、较大型的农具、耕牛等)所有权移转给合作社之后,获得了社员权,包括共益权和自益权,既有身份性更具有财产性。虽然法律上没有明确农村集体经济组织的这种社员权可以继承,但依朴素的公平正义观念,原农业生产合作社社员死亡后,其继承人自然承继了该社员权,自然而然地也成了农村集体经济组织的成员。

第五,收益分配的特殊性。农村集体经济组织法人是可以分配其盈余(利润)的,但其分配不依赖于原农业生产合作社社员的入社财产在原农业生产合作社的份额,而是按照身份"按人均分"的。即使外在形式为农工商公司、经济合作社、股份合作经济公司等,也大抵如此,不过其中掺入了按生产要素分配的成分。

在此基础上,还要研究的是,农村集体经济组织法人是否为公法人? 将法人区分为公法人和私法人,是大陆法系对于法人的基本分类,我国民法理论上也是奉行这一分类的。虽然关于公法人与私法人的区分标准,学者间见仁见智,不太统一,但一般看三个方面:一是看设立行为;二是看其目的;三是看法人以何种身份出现。准以此解,农村集体经济组织法人成立的依据虽然具有一定的政府命令的成分,但其目的还是为了农村集体经济组织成员的利益,而不是旨在执行国家或政府的任务,农村集体经济组织对其成员虽有管理的因素但这种管理十分类似于企业内部的管理,不属于公共管理的范畴,对其成员也不能施加任何的强制力。因此,农村集体经济组织法人不像有的学者认为的那样,"大致相当于大陆法系的公法人",而应属于私法人。

同时要研究的是,农村集体经济组织法人是否为企业法人? 企业法人是我国法律规定的法人类型,所谓企业法人,是指以营利为目的,独立从事商品生产和经营活动的法人。《民法总则》虽然没有将企业法人作为法人的一级分类,但并没有完全否定企业法人的概念,其第八十七条第二款即保留了"企业法人"的称谓。但依《民法总则》这一规定的意旨,企业法人也就是营利法人。与此比照,农村集体经济组织法人应不属于企业法人。其一,农村集体经济组织法人不是企业,它不以营利为目的,虽然向集体成员分配盈余(利润),但分配的原则完全不同于企业。其二,农村集体经济组织虽然属于经济组织,但它不仅仅是经济组织,还承载着政治、社会功能,尤其是作为社会主义公有制重要组成部分的集体所有制的组织功能。其三,从农村集体经济组织法人原型的农业生产合作社来看,也不属于企业法人。

二、农村集体经济组织法的立法困境

韩俊英(2019 年)对《农村集体经济组织法》立法面临的困境作了十分细致的分析。

（一）对农村集体经济组织性质认知不清

农村集体经济组织一词常见于涉农政策文件及部分立法中。然而,无论在观念认知上,还是本质认识上,社会公众大都存在较大偏差。随着人民公社解体,我国绝大多数地方仅建立了村民自治组织以及宪法和法律规定的农民集体,并未真正建立农村集体经济组织。实际上,

147

对农村集体经济组织的认知不清反映出的是对农村集体经济组织性质的认识问题。农村集体经济组织性质不清晰的原因主要是没有精准把握农村集体经济组织的历史性、现实性、发展性等特质。

（二）对农村集体经济组织功能把握不准

从历史变迁来看，农村集体经济组织可以追溯到人民公社时期的三级组织以及农民合作化运动时期的高级农业生产合作社。人民公社下的三级组织和高级农业生产合作社并非完全等同于现今的农村集体经济组织，同时扮演集体所有者、集体经济组织者、社区管理者等多重角色。20世纪80年代以来，农村集体经济组织及其职权职责才逐渐从多主体身份和多职能角色为一体的集体组织中分立出来，独立成为现行立法上的集体所有权的法定行使者。在此背景下，农村集体经济组织到底有哪些重要功能，尚未形成共识和定论。

（三）农村集体经济组织建设的导向偏差

当前，农村集体经济组织并未真正在全国大部分地方成立并发展起来，乡村社会中仍然以村民委员会、村民小组等村民自治组织为主要形式。村民委员会、村民小组等村民自治组织几乎取代并遏制了农村集体经济组织的成立和发展。这种导向明显存在如下问题：一是不利于有效行使集体所有权。从《物权法》第六十条的条文表述来看，农村集体经济组织被置于村民自治组织之前。这在一定程度上反映出立法者更倾向于优先将农村集体经济组织作为集体所有权等集体产权行使主体。二是集体所有权行使和集体经济发展都属于市场的范畴，更需要具备适应市场机制的组织结构的主体来行使。村民自治组织明显不具备适应市场机制和市场风险的组织结构，不利于更好实现集体经济发展。三是以村民自治为基础的村民决议、"乡规民约"具有积极作用，但并不能由乡村自治取代农村集体经济组织的特殊优势。

（四）农村集体经济组织成员资格认定规则缺失

目前我国主要采取以户籍为主要认定依据的做法，有些已经在地方性法规、地方政府规章中得到了明确,但仍然存在明显的法律问题:一方面,农村集体经济组织成员资格事关广大农民的基本民事权利,依据《立法法》规定,应当制定法律,且法律解释权属于全国人大常委会,不宜由法规、规章规定;另一方面,各地有关成员资格认定规则存在一定差异,必然影响集体成员权这一基本权利,与基本权利应由统一制度设定这一要求存在冲突。

(五)农村集体经济组织发展相关配套制度缺失

一是农村集体经济组织与村民自治组织、农民集体的关系尚未完全理清,尤其是农村集体经济组织与村民自治组织的关系更需明确。二是户籍制度改革有待进一步深化。如若户籍制度改革与农村集体经济组织制度尤其是成员权制度建设不协同,则势必会对两个制度及其实践产生重大影响。三是农村集体经济组织的监管体制、机制和制度仍然没有系统建立。农村集体经济组织的监管与内部治理、自治监督的关系如何等,均尚无定论。四是农村集体经济组织相关司法保障有待进一步完善,尤其需要加强对农村集体经济组织行使集体所有权的相关司法保障制度设计。五是农村集体经济组织发展促进机制、制度和措施同样相对缺失。

三、农村集体经济组织法立法建议

有鉴于此,笔者认为《农村集体经济组织法》应当采取专门立法方式,并应当明确定位为主体法,设计为单行法,建议命名为《农村集体经济组织法》。总结上海、江苏等地方立法的做法,在立法的路径取向上可以作如下设计:

(一)以明确和实现功能为立法导向

农村集体经济组织法应当以现代性与时空性的有效融合作为农村集体经济组织相关法律规则构建的基本理念。农村集体经济组织的现代功能应当确定为发展集体经济的经济功能、承载乡村治理创新的政治功能、传承乡土文明的文化功能和促进乡村协调发展的社会功能四项主要功能。其中，经济功能为最主要功能，即代表农民集体行使集体所有权，开展"统一经营"，不断壮大集体经济，增加集体实力和农民财产性收益；政治功能、文化功能和社会功能居次，但亦属于农村集体经济组织必不可少的重要功能。

（二）处理好共性与个性的关系

从农村集体经济组织的历史变迁来看，农村集体经济组织发展不平衡，大部分地方缺少真正的农村集体经济组织，以及农村集体经济组织在多方面存在一定的地域差异。这些都是农村集体经济组织极具个性的现实体现。《农村集体经济组织法》的立法设计，必须考虑上述现实。当然，如何科学识别和判定农村集体经济组织的现代特色和中国品性，是立法者必须高度重视和处理好的首要问题。在此基础上，《农村集体经济组织法》应当对拟设计的制度及其规则进行类型化分析和处理，对于涉及主体、基本民事权利以及确需在全国性立法的普适性规定，应当在农村集体经济组织法人功能定位和建构原则指引下，在该法中予以规定；对于确需保证地方探索的主动性和积极性的内容以及其他不宜由全国性立法规定的内容，可通过授权立法、不予立法等方式处理。

（三）主体立法与监管制度相对分离

一是关于农村集体经济组织的界定。对农村集体经济组织的内涵界定，应当提取共性成分，有效结合历史性、现代性等农村集体经济组织特性，将农村集体经济组织界定为中国特色的集体经济组织。在外延方面，尽管农村集体经济组织存在形式多样，但仍然可以选择诸如架构模式等因素作为标准，将实践中较为成熟、符合农村集体经济组织内涵与特征且成效显著的农村集体经济组织形式予以类型化。二是关于农村集体经济组织成员界定。尽管全国层面缺乏关于农村集体经济组织成员资格认定的法律或政策规定，但地方实践探索出了一条"村民自治＋地方立法"的规范路径。这使得农村集体经济组织成员资格认定变得更加现实可行,并在此基础上形成了许多可供总结的实践经验。三是关于农村集体经济组织的治理结构。农村集体经济组织的治理结构设计,应当兼顾效率性和公正性,即既要面向市场经济,建立适应农村集体经济组织开展高效市场活动的组织架构,也要考虑农村集体经济组织与集体成员之间以及集体成员之间相关权利义务安排的公正性。

（四）协调经济职能与乡村治理要求

鉴于农村集体经济组织在乡村社会体系中的关键角色,故而即使是按照主体法的设计思路,设计农村集体经济组织法的法律规范,也必须协调好集体经济发展这一主要功能与乡村治理的关系。这就要求,立法者应当按照"自治、法治与德治相协调的乡村治理体系"这一思路和要求,将农村集体经济组织发展实践所肯定的自治和德治"要素",整合到农村集体经济组织法中。农村集体经济组织的权利义务、治理结构、成员认定、违法责任等方面,都应当与自治和德治相衔接。"三治"（自治、法治、德治）融合的新时代乡村治理融入的关键点,主要在于农村集体经济组织制度中的治理结构和外部行为规则。

附 录 一

农村产权改革：
一场静悄悄的革命*
——方志权博士在复旦大学的讲演

在深化改革的大背景下，如何创新农村集体经济有效实现形式，直接关系到广大农民的切身利益，关系农村基本经济经营制度的发展方向和农村社会治理体系的现代化，也关系到国家的战略全局。不少学者专家认为，农村产权制度改革，是继家庭联产承包责任制后中国农村的又一重大改革，是一场静悄悄的革命。

一、资产变股权、农民当股东

改革农村集体产权制度，首先要搞清楚什么是农村集体经济。从理论上讲，集体经济是集体成员利用共有资源和资产，通过合作与联合实现共同发展的一种经济形态。中国农村集体经济，有明确的宪法地位，与其他经济成分比，有三个基本特征。

首先，农村集体经济具有鲜明的中国特色。它既不同于马克思、恩格斯经典理论中所提的集体经济，也不同于苏联的集体农庄经济，是我们在实践中不断探索、创造出来的。一些农业专家概括为"三个性"：一是合作性（共有性），集体资产由组织成员共同所有，资产收益和劳动成

---

* 本文刊载在《解放日报》2015 年 2 月 14 日"思想者"专版。

果归成员共同分享，权利义务均等。二是区域性（封闭性），集体经济组织是指界定在一定区域范围内，集体经济组织与成员不可分割，成员是封闭的圈子，权利义务"进"则"与生俱来"，"退"则"自然弃失"，不对外开放。三是排他性，尽管集体经济组织的层次不尽一样，小到村组，大到乡镇，但每个集体经济组织的资产、成员边界是清晰的，上下左右不能侵权。

其次，农村集体经济是社会主义公有制在农村的具体体现。农村集体经济实行土地等生产资料成员集体所有，家庭经营与集体统一经营相结合，本质是农民的合作与联合，是社会主义公有制经济在农村的重要体现。

第三，农村集体经济实现形式丰富多样、与时俱进。从中国农村实践看，由个人所有前提下的互助合作经营，到个人主要生产资料全部上交集体的"一大二公"体制，再到改革开放后实行的统分结合的双层经营，农村集体经济在不同时期有不同的实现形式，具有旺盛的生命力和很大的包容性。

这种农村集体产权制度虽然有利于保障农民平等享有集体经济成果，对维护农村社会公平发挥了积极作用，但也存在传统公有产权的通病。

一是归属不清。集体经济组织成员是个集合概念、动态概念。集体成员人人有份，但有多少、在哪里说不清楚，是个玻璃鱼缸，"看得见、摸不着"。有些村庄外来人口大量增加，原来一体化的村庄社区与集体经济组织日趋分离，新村民是不是集体经济组织成员、能不能分享集体经济好处成为问题，新老村民的矛盾加剧。

二是权责不明。在绝大多数地方集体经济组织与村社自治组织合二为一，村干部成为集体资产运营管理的自然"代理人"，集体经济常常成为"干部经济"。

三是保护不力。农村集体资产监管是个"老大难"问题。一些村干

153

部把集体资产看作"唐僧肉",导致集体资产流失,带来干群矛盾,也成为农民信访的一大热点。

四是流转不畅。农村集体产权归属模糊,资产处置在村里事难议、议难成,有好的开发机会往往错失良机。

改变这种状况,解决这些难题,出路唯有改革。中国农村产权制度改革最早始于20世纪90年代经济发达地区。进入21世纪后,随着工业化和城镇化进程的明显加快,各地加大了改革的力度,明确集体资产的产权归属,改变集体资产名义上"人人有份"、实际上"人人无份"的状态,真正做到"资产变股权、农民当股东",农民开始分享现代化的成果。

据农业部统计,截至2013年年底,全国已有2.8万个村和5万个组完成改革,量化资产4362.2亿元,累计股金分红1563.2亿元,2013年当年分红291.5亿元。按省分析,上海、北京、广东、江苏和浙江5省市完成改制的村占全国完成改制村数的80%左右。

从各地的实践看,改制的主要做法是将农村集体经济组织的经营性实物资产和货币资产,经过清产核资和评估以后,按照劳动年限折成股份量化给本集体经济组织成员,同时提取一定比例的公益金和公积金(集体股),主要用于村委会或社区公共管理和村民公共福利事业支出,并实行按劳分配与按股分红。

一潭春水被一颗石子所打破,泛起了阵阵涟漪,这场静悄悄的革命引发了诸多根本性变化。

在制度成效方面:明晰了每个村民在农村集体经济组织中的产权份额,集体资产由共同共有变为按份共有,产权制度发生了根本变化;建立了农村集体经济组织成员按股份(份额)分红的制度,保障了集体经济组织成员的集体资产收益权;改制村普遍建立了权力制衡机制,农民群众成为集体经济组织的投资主体、决策主体和受益主体,农村集体经济组织的治理结构发生了根本变化。

在经济成效方面:通过改制,为新型农村集体经济组织发展创造了良好的环境。通过改制,集体资产产权得以明晰,建立起农民增收的长效机制。以上海为例,2013 年,全市 237 家村级改制集体经济组织中,有 89 家进行了收益分红,比上年增加了 28 家;年分红总额 5.38 亿元,比上年增加了 1.12 亿元;人均分红 3042 元。全国农村改革试验区闵行区城乡居民可支配收入比由 2010 年的 1.53∶1 缩小到 2013 年的 1.48∶1,财产性收入在农民可支配收入中的占比由 2010 年的 17.1% 上升到 2013 年的 18.3%。

在社会成效方面:通过"还权于民"式的产权制度改革,有效解决了长期存在的因土地征占、资产处置、财务管理和收益分配等问题引发的社会矛盾,维护了城镇化快速发展地区的社会稳定。

正是基于集体经济的基本特性,深化农村集体产权制度改革已经成为破解农村众多矛盾问题的"关节点",成为全面深化农村改革的"牛鼻子"。

二、守住集体所有制的底线

总结各地经验,当前和今后一个时期,中国农村产权制度改革要以保护农村集体经济组织及其成员的合法权益为核心,以创新农村集体经济组织产权制度改革形式为手段,以建立农村集体资产、资金和资源运营管理新机制为要求,建立"归属清晰、权责明确、保护严格、流转顺畅"的农村集体经济组织产权制度,赋予农民更多的财产权利。

归属清晰就是明确农村集体资产的产权归谁所有,也就是要明确改革的组织层级、集体资产的范围、集体成员的身份;权责明确就是确定成员的权利和责任,既要明确成员对集体资产股份占有、收益、有偿退出及抵押、担保、继承权等经济权益,又要明确集体成员行使对资产的决策、监督等民主管理权利;保护严格就是依法保护农村集体经济组织及其成员的合法产权,使农民的合法权利不受侵害;流转顺畅就是促进农村集体资产有序进入流转交易市场,实现平等交换。

155

需要强调的是,推进改革不是一分了之、吃集体经济的"散伙饭"。推进改革就要守住集体所有制的底线,不能把集体经济改弱了、改小了、改垮了;守住保护农民利益的底线,不能把农民的财产权利改虚了、改少了、改没了。改革既要调动农民的积极性,又要体现农村集体经济的优越性。农村产权制度改革不是要完全走公司化改制的路子,而是从农村实际出发,发展股份合作等多种联合与合作,丰富农村集体经济的实现形式。

在推进改革过程中,必须守住"一个坚持、二个防止、三个做到、四个有利于"的底线,即:坚持集体资产所有权,这是中国特色社会主义在农村的本质特征,必须长期坚守;防止在改革中少数人对集体经济的控制和占用,防止集体经济被社会资本所吞噬;做到公平公正、公开透明、程序严密;有利于城乡要素资源均衡配置和平等交换,有利于激活农村资源要素和激发农村集体经济活力,有利于保护农民财产权利,有利于形成农业经济发展和农村社会稳定的内生动力。

在此基础上,遵循以下原则:一是依法依规。推进农村产权制度改革应遵循《物权法》《土地法》《土地承包法》《婚姻法》《继承法》等法律的相关规定,以及地方性法规和指导性意见的相关规定,同时要注意兼顾不同法律、政策之间的兼容性和关联性。在改革过程中,各改制单位始终坚持改革必须依法依规,有政策的按政策要求办,没有政策依据的,由村民集体经济组织成员代表大会讨论通过。二是因地制宜。面对千差万别、参差不齐的农村经济和社会发展情况,推进农村产权制度改革不能搞"一刀切",实践中,各地应依据经济社会发展情况,因地制宜地选择符合自身实际的改革形式和路径。三是因事制宜。推进农村产权制度改革可按照"一村一策""一事一策"的办法,将权利交给村民自己,通过合法性、公开性、民主性相结合,做到"复杂问题民主化、民主问题程序化"。四是维护利益。在推进产权制度改革过程中,不仅要给群众看得见、摸得着的眼前实惠,更要考虑长远,注重从根本上为农民谋福利。围绕保护农村集体经济组织成员利益，一方面要更加注重体制和机制的创新，构建农民增收长效机制；另一方面要更加保护和激发农民群众的创新热情和创造能力，保持推动改革发展的强大活力。

三、因地制宜选择改革形式

农村产权制度改革，要突出重点，分类推进。

关于农村集体资产量化范围问题。农村集体资产的量化，是对被认定为属于现有集体经济组织成员的共有资产，按照一定标准、采取股份的形式在本集体经济组织成员之间明晰产权的过程。因此，农村集体经济组织产权制度改革不能突破原有集体经济组织的范围，这是推进改革、制定政策的底线。目前，各地对于集体资产量化范围的认识还不尽相同。当前应将集体资产量化的重点放在非资源性集体资产资金，其理由是土地等资源性资产的价值一时难以评估，价值尚未显现，因而可以不量化，但集体经济组织因土地被征收而获得的土地补偿费和因集体资产置换增值而增加的收益，则应及时足额予以追加，以保障集体经济组织成员的集体收益分配权。当然，如果农村基层干部、农村集体经济组织成员一致要求对土地等资源性资产进行量化，则应允许农村基层组织进行探索。当前，对土地等资源性资产，重点要做好确权登记颁证；对非经营性资产，重点是探索有利于提高公共服务能力的集体统一运营管理的有效机制；而经营性资产，则是推进产权制度改革的主战场。

关于农村集体经济组织成员资格认定问题。目前农村集体经济组织成员身份的认定无法可依，多数处于乡村自我管理的状态，受当地乡规民约、传统观念和历史习惯等因素影响较大，"乡土"色彩较浓。在具体实践中，各地对农村集体经济组织成员身份的认定方法各不相同。对这一问题，各地可根据实际情况出台规范性文件，规定认定标准，制定操作细则。总体考量是：农村集体经济组织成员资格应基于由该组织较为固定的成员所组成的具有延续性的共同体,其成员原则上应该在该组织所在地长期固定地生产、生活,形成事实上与该组织的权利义务关系及管理关系,并结合是否具有依法登记的该组织所在地常住户口来认定。在此大前提下,对一些特殊或者疑难问题,可充分尊重农村集体经济组织的自主权。在具体操作过程中,可把握以下几个关键:一是涵盖不同群体;二是权利义务对等;三是防止政策"翻烧饼";四是坚持程序公开;五是杜绝侵犯权益。

对改制过程中是否设置集体股,目前大部分地方都主张不设集体股,主要是因为如果改制时保留集体股,随着城镇化进程的急剧推进,集体积累逐渐增加,会再次出现集体股权属关系不清晰的问题,需要进行二次改制;集体股在集体经济组织变更或重组时还将面临再分配、再确权的问题,极易产生新的矛盾。因此,上海、江苏、浙江等地在改制时原则上不提倡设置集体股。对于城镇化进程较快、已实现"村改居"的地方,应明确不设置集体股,其日常公共事业支出,可以通过在集体收益分配中提取公积金、公益金的方式来解决,其具体比例或数额由改制后的新型农村集体经济组织成员(代表)会议在讨论年度预决算时决定。未撤制的村(镇)可设立一定比例的集体股,主要用于公益事业等开支,原则上集体股按总股本的 20% 左右掌握。

关于改制形式问题。各地主要采取了三种形式:一是有限责任公司;二是社区股份合作社;三是经济合作社。这三种形式中,有限责任公司是按照《公司法》进行工商登记的公司法人,但其股东只能在 50 人以下,与乡镇、村集体经济组织成员成千上万的特点不相适应,因此,改制的农村集体经济组织只能采取隐性股东的做法,大部分集体经济组织成员的权利难以得到法律的认可和保护。社区股份合作社在工商部门登记的,主要是参照《农民专业合作社法》登记的法人,它有效解决了股东人数限制的问题,但由于社区股份合作社是较特殊的法人,对它没有专门的税收、财务制度,因此,在税收、财务方面所执行的是适用于公司法人的相关制度，在运营中社区股份合作社要缴纳各项税赋，税费负担较重。无论是有限责任公司还是社区股份合作社，它们都对股东（集体经济组织成员）进行收益分配，而股东都要缴纳20％的红利税（个人所得税），这在很大程度上增加了新型农村集体经济组织的负担，影响了改制的积极性。经济合作社是一种组织创新，由县级以上人民政府颁发证明书，并可凭此证明书申领组织机构代码证，到金融机关开设账户，建立会计制度，实行收益分配制度。但是，经济合作社不是法人主体，这在一定程度上影响了经济合作社的持续发展。

　　这三种形式，各改革的村（镇）可依据经济社会发展情况，因地制宜地作出选择。近郊等经济发展水平较高以及撤村改制的主要宜采取具有法人地位的有限责任公司和社区股份合作社的改革形式。中远郊经济发展水平较一般以及未撤村改制的主要可采取经济合作社这一改革形式。因为这些集体经济组织目前重点是要健全治理结构和加强监督机制，并逐步发展壮大经济。如果今后发展水平提高了，也可以探索建立其他形式的市场主体。

附 录 二

农村集体资产管理的
法律问题研究[*]

农村集体资产是广大农民多年来辛勤劳动积累的成果,是发展农村经济和实现农民共同富裕的重要物质基础。管好、用好农村集体资产,对于壮大农村集体经济,巩固基层政权建设,加强基层党风廉政建设,维护农民合法权益,增加农民财产性收入,保持农村社会稳定,都有着十分重要的意义。在经济发达地区,随着农村改革的不断深化和城市化进程加快,农村经济社会发生了很大变化,一方面,大量城郊土地被征用,"村改居"工作、"城中村"改造、"并村并镇"引起的农村集体资产归属和管理成为突出问题;另一方面,由于农村集体资产管理主体混乱,部分地方弱化了管理,导致农村集体资产被贪污、挪用、侵占、损坏、挥霍浪费、随意非法改变权属、无偿调拨占用、低价承包、变卖处置等流失严重。因此,必须对涉及农村集体资产管理的有关法律问题进行研究,明确农村集体资产管理对象和内容,明确城镇化农村(社区)集体资产的监管主体和运行机制,明确村(居)社组织间的关系,以适应农村经济社会发展变化的要求。但中国至今尚未有系统的法律、法规对农村集体资产如何管理、处置进行统一的规范,法律规范的缺失使各地政府对农村集体资产问题的处理千差万别,也极易引发各类矛盾。因此,笔

* 本报告 2011 年获第八届上海市政府决策咨询一等奖。方志权为课题主持人,章黎东、陈怡赟等同志参与本课题研究。本书出版时有部分删节。

者认为,加强对农村集体资产管理相关法律的研究具有十分重要的现实意义。

在现实生活中,农村集体资产的种类繁多,有有形的,也有无形的;有可计量的,也有不可计量的;有资源形态的,也有已经开发利用的。广义的农村集体资产包括资源、资产、资金,一般包括以下几项内容:(1)法律规定为集体经济组织所有的土地、鱼塘、牧场、水面等自然资源,农村的宅基地、自留地;(2)集体经济组织投资形成的房屋建筑物、构筑物、交通工具、机械设备、农田水利设施以及教育、文化、卫生、体育等设施;(3)集体经济组织所有的积累资金和债权,以及通过公共积累、投资投劳所兴办的集体企业资产;(4)集体经济组织在股份制企业、股份合作制企业、联营企业和中外合作、合资企业中按照协议及章程规定属于集体所有的资产;(5)接受国家、经济组织、社会团体及个人无偿资助的资产;(6)集体经济组织出资购买的股票、债券、国库券等有价证券;(7)集体经济组织所有的无形资产及待界定资产;(8)依法属于村集体经济组织所有的其他资产。狭义的农村集体资产,是指镇、村、队农民组建的各类集体经济组织以各种形式投资和投资收益形成的资产。

笔者认为,农村集体资产管理涉及农村集体资产的所有人问题,包括所有人的认定,以及代表所有人对集体资产进行管理的主体;还涉及对于集体资产如何使用、收益和处分,因此它具有民事法律关系中财产权和身份权的内容和特性。但同时由于集体资产中包含接受国家、经济组织、社会团体及个人无偿资助的资产,同时集体经济组织还受到上级有关行政管理部门的业务指导和代为行使一部分的公共行政职权,因此它又具有行政法律关系的特点。基于此,本课题从把农村集体资产管理作为一种特殊民事法律关系的角度出发,围绕农村集体资产管理的主体和所有人、农村集体资产的产权归属、收益分配、财产处置等问题开展研究。

同时本课题研究采用理论和实际相结合的办法。本课题组对国内有关省市农村集体资产管理条例进行了汇总,结合上海农村集体资产进行了系统的调研,分析当前农村集体资产管理存在的突出问题,为研究农村集体资产管理的法律问题奠定基础。在此基础上,本课题组将《宪法》《民法通则》《村民委员会组织法》《农业法》《土地管理法》《农村土地承包法》《物权法》作为准绳,以农村集体资产的相关法律问题为研究视角,对当前农村集体资产管理和处理中敏感的法律问题进行探讨,并提出有关建议和对策,以资引起有关方面对该问题的重视和研究。

■ 第一部分　经验研究

为进一步摸清上海农村集体资产家底,本课题组历时半年对上海市郊区九个区县 122 个镇级(包括相关涉农街道和地区)、1768 个村级和 23319 个组级的农村集体资产进行了调研。通过清产核资,摸清了上海市农村集体经济组织资产的存量、结构、分布及其运行等情况。

一、基本情况

(一) 资产总量

1. 总资产

到 2009 年年底,上海市郊区九区县镇、村、组三级集体经济组织实际总资产为 2398.4 亿元。从资产构成来看,流动资产 1503.4 亿元,占总资产的 62.7%;固定资产 603.9 亿元,占总资产的 25.2%;长期投资 227.2 亿元,占总资产的 9.5%;无形资产、农业资产等其他资产 63.9 亿元,占总资产的 2.6%。从资金、资产情

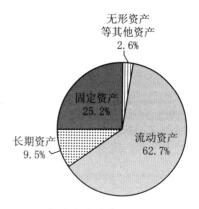

2009 年度上海市郊区农村集体经济组织总资产构成情况

况看,资金 292.1 亿元,资产 2106.3 亿元。

2. 总负债

到 2009 年年底,全市总负债实际为 1650.32 亿元。其中:流动负债 1303.0 亿元,占总负债的 79.0%;长期负债 347.32 亿元,占总负债的 21.0%。

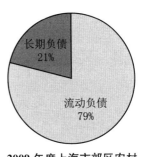

2009 年度上海市郊区农村集体经济组织总负债情况

3. 净资产

到 2009 年年底,全市净资产 718.5 亿元(已剔除外来资本享有的权益 29.6 亿元)。其中:集体资本 288.3 亿元,占净资产总量的 40.1%;公积公益金 406.4 亿元,占净资产总量的 56.6%;未分配收益等其他集体资金 23.8 亿元,占净资产总量的 3.3%。

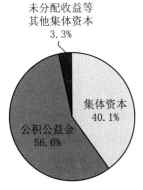

2009 年度上海市郊区农村集体经济组织净资产情况

(二) 主要特点

从调研情况看,上海市农村集体资产呈现三个主要特点:

1. 集体资产主要集中在近郊四区

近郊闵行、嘉定、宝山、浦东四区 58 个镇级、825 个村级、7818 个组

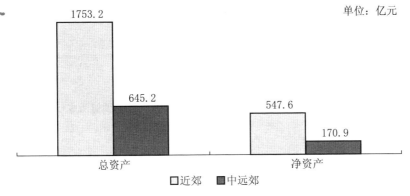

2009 年度上海市郊区农村集体经济组织总资产、净资产分布情况

级集体经济组织总资产为 1753.2 亿元,占全市总资产的 73.1%;净资产 547.6 亿元,占全市净资产的 76.2%。中远郊奉贤、松江、金山、青浦、崇明五区县 64 个镇级、943 个村级、15501 个组级集体经济组织总资产为 645.2 亿元,占全市总资产的 26.9%。净资产 170.9 亿元,占全市净资产的 23.8%。

2. 集体资产主要集中镇村,以镇级为主

全市镇、村、组三级集体总资产分别为 1687.9 亿元、673.9 亿元、36.6 亿元,分别占全市总资产的 70.4%、28.1%、1.5%;镇级平均(以下简称镇均)13.8 亿元,村均 0.4 亿元,组均 15.7 万元。镇、村、组三级集体净资产分别为 410.8 亿元、287.3 亿元、20.4 亿元,分别占全市净资产总量的 57.2%、40.0%、2.8%;镇均 3.4 亿元,村均 1625.0 万元,组均 8.8 万元。近郊四区县,总资产镇均 20.6 亿元,村均 0.6 亿元,组均 37.2 万元;净资产镇均 5.2 亿元,村均 0.3 亿元,组均 19.3 万元。

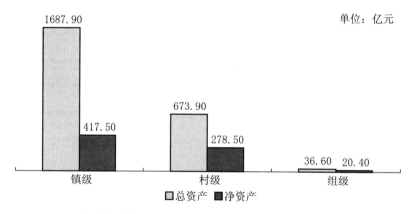

2009 年度上海市郊区农村集体经济组织资产总量级别构成情况

3. 集体资产中经营性资产约占六成

镇、村、组三级集体经营性资产 1370.8 亿元,占全市总资产的 57.2%;非经营性资产约 1027.6 亿元,占全市总资产的 42.8%。镇均经营性资产 8.0 亿元、村均 0.2 亿元、组均 3.3 万元。全市经营性净资产 410.7 亿元,占全市净资产的 58.3%,镇均经营性净资产 1.9 亿元、村均 0.1 亿元、组均 5.0 万元。近郊四区县镇均经营性资产 12.6 亿元、村均 0.4 亿元、组均 9.5 万元;经营性净资产镇均 3.2 亿元、村均 0.2 亿元、组均 4.9 万元。

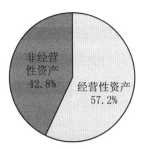

2009 年度上海市郊区农村集体经济组织经营性资产情况

二、情况分析

（一）上海市农村集体资产不断壮大,运行情况总体良好

近几年来,上海市各级党委政府和主管部门高度重视,研究制定相关政策,切实加强农村集体资产管理工作,形成了一系列加强农村集体资产管理的制度。从总体来看,农村集体资产规模不断发展壮大,运行情况较好。

1. 集体资产规模不断增长

其表现为:一是总资产保持稳步增长。2007—2009 年三年中,集体总资产分别为 2077.0 亿元、2217.7 亿元、2398.4 亿元,分别比上年增长 12.9%、6.8%、8.1%,年均增长 9.3%。二是净资产呈现较快增

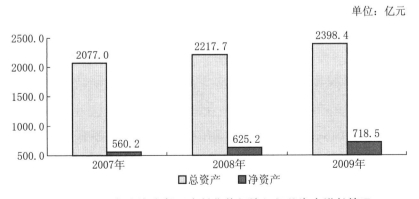

单位:亿元

2007—2009 年上海市郊区农村集体经济组织总资产增长情况

长。2007—2009 年三年中,集体净资产分别为 560.2 亿元、625.2 亿元、718.5 亿元,分别比上年增长 9.5%、11.6%、14.9%,年均增长 12.0%。从调查结果分析看,2007—2009 年三年中,村级净资产增长幅度较快。

2. 集体资产结构不断优化

其表现为:一是经营性资产规模不断扩大。2007—2009 年三年中,经营性资产分别为 1011.5 亿元、1144.3 亿元、1370.8 亿元,分别比上年增长 14.6%、13.1%、19.8%,年均增长 15.8%。特别是经营性固定资产快速增长,三年分别达 395.7 亿元、430.9 亿元、493.7 亿元,分别占经营性资产的 39.1%、37.7%、36.0%,分别比上年增长 9.4%、8.9%、14.6%,年均增长 11.0%。经营性净资产分别为 272.7 亿元、322.6 亿元、411.0 亿元,分别比上年增长 12.9%、18.3%、27.4%,年均增长 19.5%。二是村级不动产租赁收入成为村级集体经营收入主要来源。2009 年,全市村级组织农村集体厂房、商铺、办公楼等不动产租赁收入达 20.3 亿元,平均每村 115 万元。其中,近郊四区达 18.6 亿元,占村级集体经营收入的 55.9%,平均每村 225 万元。

单位:亿元

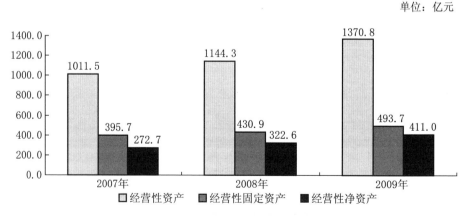

2007—2009 年上海市郊区农村集体经济组织经营性资产、
经营性固定资产、经营性净资产分布情况

3. 集体资产收益不断提高

其表现为：一是经营性资产收益率较高。2007—2009 年三年中，经营性资产收益分别为 130.4 亿元、141.8 亿元、157.4 亿元，分别比上年增长 9.3%、8.7%、11.0%，年均增长 9.6%；经营性资产收益率分别为 12.9%、12.4%、11.5%。二是净资产 1000 万元以上的村已具一定规模。到 2009 年年底，全市净资产在 1000 万元以上的村集体经济组织有 513 个，约占总数的 29%，其中近郊四区 372 个、中远郊五区县 141 个；净资产在 1000 万元以上且有较好收益（净收益 100 万元以上）的村集体经济组织有 252 个，占总数的 14.3%，主要分布在城市化地区或城镇化进程较快的城乡接合部地区，其中闵行 48 个、嘉定 47 个、宝山 42 个、浦东 56 个、奉贤 17 个、松江 16 个、金山 7 个、青浦 7 个、崇明 12 个，为下一步产权制度改革打下较好基础。

（二）上海市农村集体资产管理和运行还存在薄弱环节，需要进一步完善

通过清产核资，课题调研发现在农村集体资产管理和运行过程中，也存在一些薄弱环节，主要表现在以下五个方面：

1. 有些基层干部对加强农村集体资产管理重要性的认识还不够

自 20 世纪 90 年代镇办、村办集体企业改制后，农村集体资产已经不再存在或微乎其微，使一些地方农村集体资产管理处于真空地带；有些镇村干部只注重加强农村厂房、商铺、仓库等不动产以及实物资产管理，而疏于对农村集体资源性资产的管理；有些镇村干部对在快速推进城市化进程中，农村集体资产管理出现的新情况、新问题重视不够，研究不够。

2. 健全农村集体资产监管体制还不够

一是在区县层面，一些区农村集体资产监管职责由国资监管部门负责，人员配备相对较弱。二是在乡镇层面，2007 年乡镇机构改革时，有相当一部分乡镇独立设置农经站，平均每镇农经管理人员 4.6 人。

在新一轮乡镇机构改革中,一些乡镇职能不明确,机构不明确,岗位不明确。一些乡镇在财经事务管理中心仅安排1—2人具体负责农村集体资产财务管理,少数乡镇没有专职人员,有些乡镇虽安排专职农经干部,但还是集体编制人员,这与当前承担面广量大的农村集体资产管理任务不适应。三是各级农经机构队伍承担的行政职责尚未明确。2006年,国务院下发30号文件,明确各级管理机构承担的职责为政府职责,农业部农经总站和全国近80%省市农经管理机构已经列为参公事业单位,上海市尚在积极推进中。

3. 推进农村集体产权制度改革的力度还不够

长期以来,农村集体资产管理体制不健全,集体资产管理主体存在着不到位、不统一、不规范现象。政企不分、政资不分,镇政府、村委会事实上行使着集体经济组织职能,部分村成立实业公司以经营实体代替管理主体,集体经济组织难以行使管理权。上海市农村集体经济组织产权制度改革起步较早,但因种种原因总体进度不快。

4. 农民共享集体资产收益还不够

除少数已改制的村,农民尚能享有收益分配外,其他农民还不能共享集体资产收益成果。在村级:集体资产收益主要用于村级组织日常运转和社区公益性开支。据统计,近郊地区村级组织基本运转经费来自村集体经济组织收益的,占66.6%,中远郊地区也占36.9%。在镇级:有些地方集体资产收益被乡镇财政占用。此外,农民没有得到直接分配。

5. 健全农村集体资产网络化管理手段还不够

上海市已基本实现农村会计电算化,崇明县、金山区以及宝山区,部分乡镇近一两年实现村级财务信息化管理,闵行区实施集体资产网络化监管,但全市总体而言,集体资产网络化监管尚属起步阶段,还没有真正形成市、区、镇、村四级农村集体"三资"网络监管平台,集体资产监管手段总体还比较薄弱。

6.有些集体资产管理制度执行力还不够

近几年来,上海市全面实施村级财务管理规范化建设,建立健全了一批农村集体财务管理制度,但还存在一些薄弱环节:有的村对财务收支预决算制度、非生产性开支等控制制度落实不够;有的村财务票据管理不够规范;有的村对资产台账、资产运行的招投标及合同管理不够健全。

应该说,上海农村集体资产管理中存在的这些问题,在国内带有普遍性和代表性。笔者认为,实证部分的情况都是事物的表现,而破解难题的关键在于对相关法律问题的梳理与研究。

第二部分　法律问题研究

本课题对以上海农村集体资产管理问题为例进行了实证调研,经过梳理,在农村集体资产管理中已凸显出以下一些法律政策问题迫切需要研究解决。

一、关于农村集体资产的管理主体问题

目前,法律对农村集体资产管理主体是不相一致的。经过梳理,主要有两种:

第一种:农村集体经济组织是集体资产管理的主体。其主要体现在《宪法》及散见于相关政策文件规定之中。《宪法》第八条第一款规定:"农村集体经济组织实行家庭联产承包经营为基础、统分结合的双层经营机制。农村中的生产、供销、信用、消费等各种形式的合作经济,是社会主义劳动群众集体所有制经济",明确了农村集体经济组织和农户都是农业生产与收益分配的基本单位。《宪法》的第十七条指出:"集体经济组织在遵守有关法律的前提下,有独立进行经济活动的自主权",又说明了农村集体经济组织的经济主体地位。1995年《国务院关

于加强农村集体资产管理工作的通知》则明确指出："集体经济组织是集体资产管理的主体"，强调了它在管理集体资产中的主体地位与作用。鉴于此，现有的法律政策对农村集体经济组织赋予农村集体资产管理职责有一定的表述，但没有具体和详细的规范。同时，如由于与现行《民法通则》中界定的四类法人不相符，农村集体经济组织在法律上尚不具备法人地位（已出台地方性法规作明确规定的除外）。

第二种：村民委员会是集体资产管理的主体（在中国大多数地方普遍存在这种现象）。《村民委员会组织法》第五条规定，村民委员会有两方面职能：一是实施村民自治，即通过民主选举产生村民委员会组织成员，根据民主管理、民主决策、民主监督的原则实现自我教育、自我管理、自我服务；二是经营管理集体资产，即发包集体土地，以及对土地等集体资产进行出资、租赁、联营、合伙等经营活动。《民法通则》第七十四条规定："集体所有的土地依照法律属于农民集体所有，由村农业生产合作社等集体经济组织或者村委会经营、管理。"《土地管理法》第十条规定："农民集体所有的土地依法属于村农民集体所有的，由村集体经济组织或者村民小组经营、管理。"由此，村委会代行农村集体经济组织的职能已经法律化，并且法律在原先规定的尊重农村集体经济组织依法独立经营自主权的基础上，又规定村民委员会对集体资产的管理权，显然出现了矛盾，导致村委会与农村集体经济组织的关系处于模糊状态，不同的法律所确定的管理主体是不严谨的和不相一致的。

由于法律对于农村集体资产管理的主体不明确，使农村集体经济组织与村委会的职能出现了交叉。目前农村集体经济组织或村民委员会都可以经营、管理依法属于村农民集体所有的资产，并且代表集体行使对资产的所有权，这是当前影响农村集体资产管理主体法定地位的重要因素。在实际运作中，村委会已不仅仅是村公共事务、公益事业的管理者，还是集体财产的所有者，更充当着集体财产的经营者，作为大股东参加到公司中，参与公司的实际经营。而作为公共事务的服务者与作为经济组织的经营者,由于其性质的根本区别,其运作的宗旨、目的、原则与规则也根本不同。村委会的宗旨本应是为村民服务,不具有营利性,市场规律对其运作不起作用,不需要承担市场风险,适用民主、公开、公正的原则。而经济组织管理者的宗旨是谋求经营效益,以营利为最大目的,必须依照市场经济规律运作,承担市场风险,效率是其运作的根本原则,应遵循保障决策的果断、迅速,核算的精确,财务管理的合法、公信的规则进行。当公共服务职能与经济管理职能交错在一起的时候,就会出现公共权力的滥用和生产经营的不担风险;利用公共资源去从事营利性的事业,甚至运用公共权力侵犯村民的合法权益却不承担任何后果。

对待这一法律问题,笔者认为:

首先,应在法律上明确农村集体资产的管理主体。解决这一法律问题的首选是推动国家立法,为集体资产的经营管理创设一个法律主体,并明确农村集体经济组织对农村集体所有的资产享有占有、使用、收益和处分的权利,自主经营,自负盈亏,独立承担民事责任。在国家现有立法尚没有对农村集体资产管理主体法律地位明确的情况下,按照已有地方经验,也可探索进行地方立法,如2007年9月浙江省人大常委会修订通过了《浙江省村经济合作社组织条例》,规定县级人民政府免费向村经济合作社颁发证明书,村经济合作社凭证明书办理组织机构法人代码证,并规定村经济合作社也可向工商部门申领法人营业执照。此外,一些省市通过制定规章和规范性文件,对管理主体作了明确规定,但层面较低,可作为一些工作措施予以推进。

其次,应明确农村集体资产管理主体的职能。必须使村社会管理职能与农村集体经济组织的经济职能分离。可通过国家立法,明确农村集体经济组织的成员范围、组织形式、组织机构、议事规则、责任财产范围和责任形式等内容,使农村集体经济组织实名化、实体化、法人化。同时,明确农村集体经济组织的活动宗旨及原则是在坚持社会主义集

171

体所有制的前提下,在法律法规和政策范围内组织开展经济活动,依法实行民主选举、民主决策、民主管理、民主监督,促进集体资产保值增值,为其成员提供公共产品和公共服务,实现共同富裕。农村集体经济组织主要是承担集体土地的发包,集体资产的管理,发展集体经济,指导社员发展家庭经营,为农户提供产前产中和产后各项服务,研究和处理集体积累与分配,按照预算向村委员会提交预算款,定期向村委会报告财务情况,经批准后将财务公开,并协助村委会做好公共事务和公益事业等职能。

二、关于农村集体资产的产权归属问题

1995 年《国务院关于加强农村集体资产管理工作的通知》规定:农村集体资产是指归乡、村集体经济组织全体成员集体所有的资产。属于组(原生产队)集体所有的资产,仍归该组成员集体所有。《宪法》第十条规定,"农村和城市郊区的土地,除由法律规定属于国家即全民所有的以外,属于集体所有"。

但在法律上关于"集体所有"到底属于集体所有制"组织"所有,还是属于集体组织内的"成员"所有,有关解释是互相矛盾的。《民法通则》第七十四条第一款规定:"劳动群众集体组织的财产属于劳动群众集体所有"(即集体组织成员所有),《物权法》也作类似的规定,而《中国大百科全书·法学》则认为,劳动群众集体所有权,是指"劳动群众集体组织的所有权"(即集体组织所有)。显然前者的解释更具权威,但后者的解释则有其存在的基础。不论集体资产属于集体"成员"还是属于集体"组织",将集体资产归属追踪到个人时,集体资产应属于集体组织全体成员所有。就一个具体的村而言,集体经济组织有多少资产,特别是可计量的经营性资产如流动资产、长期投资、固定资产、无形资产等,每个集体经济组织成员又拥有其中的多少股份,集体经济组织成员并不清楚。因此,有人形象地描述村民与集体资产的关系是"人人所有,

人人没有""玻璃箱子,看得见,摸不着"。意思是说,虽然集体资产集体所有,但并没有规定集体资产属于哪些具体成员的,各个成员又拥有多少,就好像玻璃箱子里面的金钱,隔着玻璃看得清清楚楚,但就是摸不到。模糊的产权关系在公权难以监督的情况下,只能成为"实际控制者所有",即少数村干部的所有,农村集体资产流失严重也就不是什么奇怪的事情了。

从农村集体经济当初产生的实际情形看,它是"按份共有"所有权,因为当初实行"合作化",讲的是"入社自愿,退社自由",入社土地的多少对收益分配有影响。这是一种典型的"按份共有"所有权。但是,后来这个"按份共有"所有权在实践中发生了变化。首先,在合作化的操作中对农民实行强制是普遍现象,"共有"所有权的选择不是多数农民的主动要求。其次,退社自由实际上并未实行,农民不可能将土地从"集体"中带出而变成私人业主。如果农民要退出,他就必须放弃土地。现行《土地管理法》依然是这样规定的。于是,集体经济的"按份共有"也逐渐变成了特殊的"共同共有"。之所以特殊,是因为这种"农民集体所有的共同共有"有别于一般物权法理论上的"共同共有"。

依据目前中国物权法理论通说,共同共有关系仅包括夫妻共同共有、家庭共同共有、继承分割前继承人之间对遗产的共同共有三种共有关系。根据《物权法》第九十五条、第九十七条规定:"共同共有人对共有的不动产或者动产共同享有所有权。""处分共有的不动产或者动产以及对共有的不动产或者动产作重大修缮的,应当经占份额三分之二以上的按份共有人或者全体共同共有人同意,但共有人之间另有约定的除外。"第一百条规定:"共有人可以协商确定分割方式。达不成协议,共有的不动产或者动产可以分割并且不会因分割减损价值的,应当对实物予以分割;难以分割或者因分割会减损价值的,应当对折价或者拍卖、变卖取得的价款予以分割。"可以看出,《物权法》中规定处分"共同共有"的不动产或者动产,应取得全体共同共有人的同意,而且全体共同共有人还可以协议分割共同共有的不动产或者动产。而《物权法》第五章中有关"集体所有权"的规定,处分"集体所有"与处分"共同共有"不动产或者动产的方式并不相同,《物权法》第五十九条的规定:"农民集体所有的不动产和动产,属于本集体成员集体所有。下列事项应当依照法定程序经本集体成员决定:(一)土地承包方案以及将土地发包给本集体以外的单位或者个人承包;(二)个别土地承包经营权人之间承包地的调整;(三)土地补偿费等费用的使用、分配办法;(四)集体出资的企业的所有权变动等事项;(五)法律规定的其他事项。"而根据《土地管理法》和《农村土地承包法》,关于农村集体所有土地承包只需要村民会议三分之二以上成员或者三分之二以上村民代表的同意,并报乡(镇)人民政府和县级人民政府农业行政主管部门批准,并不需要全体村民一致同意。另外,农村集体所有的不动产或者动产,其集体成员也不能通过协商一致的方式予以分割,如村民并不能通过协商一致的方式对集体所有土地进行分割。因此,目前的农村集体所有关系既不是按份共有,也不是共同共有,而是一种特殊的共有关系。

笔者认为应在国家立法上予以明确,对农村集体资产的产权归属应与宪法表述相一致。农村集体资产是指归乡、村集体经济组织全体成员集体所有的资产,强调全体成员的集体所有,并按照这一原则具体操作实施。因为只有这样的立法思路,才能避免在农村集体资产管理操作中的大面积"翻烧饼"问题。

三、关于享受农村集体资产的成员资格问题

农村集体经济组织成员的资格认定是为了确定集体财产的归属和利用。农村集体财产是一种特殊的财产,既凝聚着集体组织的整体利益,也凝聚着集体成员的个人利益,而且集体组织的整体利益说到底也就是集体成员的共同利益,因此,集体财产的问题总是与集体成员的身份联系在一起的。集体成员的身份是集体成员权利的基础,集体成员

权利的总和就是集体成员所有权,因此,集体成员的身份与集体所有权是不可分离的。在落实具体政策过程中,如何界定集体经济组织成员,即如何界定集体资产"谁有份",成为农村集体资产管理工作的最棘手问题。

梳理现有的法律法规,目前农村集体经济组织成员的身份认定无法可依,如何成为集体组织成员,法律对此并无规定。

在实际工作中,农村集体经济组织成员的身份认定都各不相同。但归纳起来,主要是以户籍作为集体经济组织成员的标准。农村集体经济组织大多只能以婴儿出生、嫁入本村的媳妇(或入赘的丈夫)在取得该村户籍时为成为集体成员的标准。这是一种惯例,但并不表明其合理。嫁出本村的女子(或入赘他地的男子)、考上大学的学生以及迁移到城镇居住户口迁出本村的村民,其集体组织成员资格将被剥夺而不给予任何补偿,未迁出的集体经济组织成员无偿占有了迁出户的土地和他们对集体资产的贡献,这就使集体资产的取得,既非通过劳动或孳息实现,又不是靠商品交换转来。这违背了财产权利取得的一般法定条件,也在实际上带来了集体资产权利无代价取得。

需要指出的是,这种以户籍作为集体经济组织成员的标准在各个地方的执行情况也是不同的。在中国大部分经济较发达的农村地区,对在家庭联产承包责任制实施以后户口迁入本村的村民,不给予集体经济组织成员资格。村民认为农村集体经济组织是过去农户拿着自己家的土地和生产工具等生产资料形成的经济组织,具有排他性;如果要成为其中一员,享受集体经济组织的权益,必须经过集体经济组织集体讨论通过后才能成为集体经济组织成员。迁出要被取消成员资格,迁入不给成员资格。

同时,"新""老"集体成员对集体资产的权属是否均等也是模糊不清的。事实上,中国集体土地制度注重公平性,集体土地的生活保障功能使得土地等资源性资产的承包权按人(户)平均分配,土地等资源性资产非劳动所得,这种平均分配农村集体经济组织成员是接受的。而经营性资产是劳动积累的结果,即集体经营性资产是集体经济组织成员通过集体劳动,将劳动工资的大部分和待分配利润的大部分作为集体积累用于集体经济发展。"新""老"集体成员对经营性资产的贡献不同,对经营性资产及其收益分配就不能简单地在"新""老"集体成员间平均分配。

确认农村集体经济组织成员的身份需要一个明确的标准。而这个标准不能由集体经济组织自己定。由于"三农"问题十分复杂,要在短期内制定一个全国统一的集体组织成员认定标准也不现实,但城市化进程中或者"村改居"过程中对集体资产进行量化分配不可避免地会遇到集体组织成员身份认定问题。笔者认为,对这一问题各地可根据情况,出台有关地方性法规和规范性文件,规定集体组织成员身份认定标准。总体考量是:农村集体经济组织成员资格的确认基于由本组织较为固定的成员所组成的具有延续性的共同体,其成员原则上应该在本组织所在地长期固定地生产、生活,形成事实上的权利义务关系及管理关系,并结合是否具有依法登记的本组织所在地常住户口来进行确认。在此大前提下,对一些特殊或者疑难问题,可充分尊重村集体经济组织的自主权。

据对全国不少发达地区的实践进行观察与总结,一般以"特定时间村民户口+对集体资产贡献大小"作为依据,是目前能够找到的界定成员资格的有效方法,将其作为认定成员资格的依据,既比较合理也具有可操作性。

在这一前提下,笔者认为,农村集体经济组织成员资格界定大致有两个范畴:一般农村集体经济组织成员资格的确认;特殊群体人员成员资格的确认。后者还可分为两个类别:一是具有户籍并居住在本农村集体经济组织内,但未能尽义务的人员,如未成年人、老弱病残和其他丧失劳动能力的人;二是长期居住在本组织所在地,尽义务而没有户籍或户籍已迁移出去的人,如超生子女、服役军人、就读在校大中专学生、户籍已经迁移而人还没走的外嫁女、倒插门女婿、服刑人员、代耕农等。借鉴广东省的做法,农村集体经济组织成员可区分为自然成员、保留成员和表决成员三种类别进行界定。

综上所述,对这一问题,笔者认为,鉴于各社区群体人员的情况具有特殊性,在符合法律政策基本精神的前提下,成员资格的界定应充分尊重农村集体经济组织的自主权,农村集体经济组织成员资格的界定遵循"依据法律、尊重历史、照顾现实、实事求是"的原则。

四、关于农村集体资产的管理模式问题

农村集体资产管理具有社区性、广泛性、复杂性等性质,必须按照民主、公开的原则,社区全体农民参与监督管理与社区集体经济组织代行管理相结合进行。农村集体资产的管理既不同于国有资产,也不同于城镇集体企业的资产。早期的农村集体资产管理模式一般采取股份制办法。例如,1997年上海市政府颁布了《上海市股份合作制企业暂行办法》,村级股份合作制改革都依此登记为股份合作制企业。2004年《行政许可法》颁布后,由于地方性法规不能设定新的企业主体或者其他组织的设立登记,《上海市股份合作制企业暂行办法》被废止。因此,2004年之后农村集体资产管理的模式是依据《公司法》登记为有限责任公司。由于没有法律规范,操作过程中主要以地方政府的相关文件为依据。

调研反映,农村集体资产管理采用公司制办法,遇到的最大问题是,《公司法》规定有限责任公司的股东数不得超过50人,而一般的自然村人数(村集体经济组织成员)往往超过50人。因此,在登记注册公司时,一般由几个人作为股东代表众多实际股东作为显名股东,其余作为隐名股东。隐名股东向显名股东出具委托书,说明隐名股东的意见和建议,但是不直接行使权利。如果遇到众多隐名股东意见不一致;或

177

者隐名股东与显名股东利益有冲突时,隐名股东如何保护自身利益;当需要股东对外承担责任的时候,是由显名股东还是由隐名股东来承担。隐名股东的存在显然与公司法律制度所要求的相违背,使公司对外没有信誉,对内影响公司股东间投资关系的稳定性,使公司的人合性减弱,从而影响公司的经营管理和经济发展。这是亟待需要解决的问题。

上海近几年来在探索农村集体资产管理模式方面进行了有益实践。在制度建设上,确立了农村村级股份合作社的法人地位,明确农村村级股份合作社可以登记为合作社法人(2009 年,上海参照苏州的做法,提出要确立农村村级股份合作社的法人地位,明确农村村级股份合作社可以登记为合作社法人,由工商管理部门核发《农民专业合作社法人营业执照》,名称统一核定为"××区××社区股份合作社")。在方式手段上,积极稳妥地推行村会计委托代理,全面实施农村会计电算化管理,建立农村集体"三资"管理网络化监管平台。

通过梳理,本课题组认为,现有的农村集产的管理模式、运行机制必须统一规范,为壮大农村集体经济寻找新的增长点。

首先,已实行公司制运作的,应进一步健全公司法人治理结构。股东代表大会的主要作用是选举董事会和监事会的成员,批准董事会的年度预算、决算方案,以及重大投资决策。董事会的主要职责是决定公司的经营计划和投资方案,制订公司的年度预算、决算方案,决定公司内部管理机构的设置和基本管理制度,聘任或者解聘公司经理。董事长应由董事会选举产生,总经理由董事会聘用,彻底改变村党组织书记兼任董事长的政企不分格局。

其次,在农村集体资产管理过程中,应强调建立健全四项监督管理制度。一是民主管理制度,即成员(代表)大会制度,凡涉及集体资产运营等与群众利益密切相关的重大事项,都必须按权属关系经成员(代表)大会讨论决定。二是民主决策制度。在社区内部建立主要由农民代表组成的集体资产管理机构,作为社区农民参与资产管理的日常决策机构,也是成员(代表)大会的日常机构。三是民主理财制度。在社区全体农民选出成员代表大会基础上,由成员代表选出若干名成员组成民主理财小组。四是农村集体资产管理公开制度。在规范管理的基础上,明确集体资产的用途,合理设置贡献股的标准,为集体资产寻找最佳的投资途径,形成集体经济发展的新优势,实现集体资产的保值增值。

五、关于农村集体资产的改制运作问题

目前,在农村集体资产改制运作方面缺乏相关法律法规。而集体资产股权设置,则在农村集体经济组织改制中是争议很大的一个问题。乡村在改制中设置各种不同的股权,即使是同一种股权,名称和内涵的差异也很大。虽然各地在股权种类的设置上有所差异,股权名称也各不相同,但是一些股权的内涵是一样的,并且在各地的股权设置中是共有的。

一般来讲,人口股(类同于基本股、户籍股)、劳龄股(劳动贡献股)这两种个人股都会予以设置,这两种股权是对村民的集体身份和为集体所做贡献的认可,是必要的股权设置。其中,人口股是每个具有社区户口的人员均可获得的股份,它集中体现了"社区性"。人口股占集体净资产的比重和收益分配方案由集体经济组织成员民主决定。劳龄股是按照劳动年限和劳动贡献量化到集体经济组织成员的股份。为了体现转居转工人员和现有集体经济组织成员之间的区别,劳龄股可分为优先股和普通股。其中,已转居转工人员持有优先股,享有优先收益权和优先资产处置请求权,但不参与企业经营管理。本集体经济组织成员和留职集体经济组织成员(征地转居后未领取劳动力安置费、由集体经济组织安置的集体经济组织成员)持有普通股,包括按劳动年限量化的股份和以现金形式新人的股份,参与企业经营管理。

在改制中,还要充分考虑村民履行国家、社会和社区义务的需要。

例如,具有村民身份的复员军人,其义务兵服役期间也要计算为农龄;村民被拘役、劳教、逮捕、判刑的,执行期间不计算劳龄;先在乡企事业单位工作后回到村集体单位工作劳动和外谋职业人员,只计算在村集体工作劳动年限;先在村集体参加工作和劳动,后到乡企事业单位工作劳动的人员,也只计算在村集体参加工作劳动的年限;等等。

除了基本的人口股和劳龄股,不少地方还设置有奖励股(类似于特殊贡献股、法人股)。奖励股是针对集体经济组织的经营层和管理层人员设置的,其初衷是考虑到这些人员所处的岗位十分重要,可能对集体经济组织作出的贡献比普通村民更大,因而在处置集体资产时,应对其多界定股份,以增强其积极性,并对其经营管理行为进行约束。但是,如果经营管理层获得的股份过多,容易产生干群矛盾,导致村民抵制改革,阻碍改制。因此,恰当地设置奖励股的比例是一个重要的问题。

是否设置集体股在农村集体资产管理改制运作中也存在很大的争议。现阶段设置集体股有一定的现实原因。一是由于农村集体经济是和村行政相联系的,它所拥有的资产中,包含一些当前难以量化的部分。二是在城市管理体制配套改革未实施之前,要保证转居后的社区集体福利以及公共物品供给,如公益设施、成员退休金、医疗统筹等不至因集体经济组织改制而降低,集体需要有一定的资产积累以及源源不断的收益做后盾。而集体股的分红所得为社区组织的运作、社区福利等提供了物质保障。但是,集体股又确实存在一些缺陷,持有者主体仍不明确,不利于吸收社会资本以及资产运营,不利于企业的发展。

近几年来,上海在农村集体资产改制运作中的主要做法。在清产核资的基础上,根据实际情况合理设置股权和确定折股量化的范围,将集体资产量化到集体经济组织全体成员。股权设置原则上以集体经济组织成员参加劳动的时间为依据,股权量化的范围和对象参照上海市有关撤制村、队时处置集体资产的政策确定。可设立一定比例的集体股,集体股的比例应根据村净资产规模大小合理进行设置,一般不超过

20％,主要用于村公益事业开支,集体股占总股本的比例由村集体经济组织成员大会讨论决定。对集体股使用情况要建立监督机制,并实行公示。对撤制村原则上不设立集体股。同时,不设立岗位股。在具体操作过程中,可制定相关改制激励办法,根据实际业绩,实行薪酬考核奖励,以调动村干部改制的积极性。为保证公平、公正,在村级集体经济组织改制量化股权时,不设立增配股。改制后,为发展集体经济需要,需设增配股的,应由村集体经济组织成员大会讨论通过。以农业专业合作社登记改制的社区股份合作社,应按照农民专业合作社相关法律法规,提取一定比例的公积公益金。以公司法登记改制的社区股份合作企业,按照公司法相关规定执行。村集体经济组织成员的股权可以继承,但不得退股。改制后,为确保农民保留长期的集体资产收益权,股权在一般情况下不得转让,但如遇村民死亡等情况,可以通过规范、合法的程序在本集体经济组织内部进行转让。量化的集体资产原则上以股权形式兑现。离开本集体经济组织的插队落户知识青年、已死亡村民等的股权可以现金形式兑现。具体兑现形式应由集体经济组织成员大会讨论决定。

　　由于各地的情况不一,做法也不统一。针对这些问题,笔者认为,确保农村集体资产改制运作顺利进行,应坚持"农民利益不受损、集体资产不流失、集体经济不萎缩、社会秩序不混乱"的总要求,统筹处理好社区资产与村组资产的利益关系,确保集体资产保值增值、农民收益持续增加。统筹处理好分配与积累的关系,切实避免集体资产流失和新的分配不公。

　　本课题组对最棘手的集体股设置提出如下对策:在集体资产处置之初设置集体股,在未来对其实施逐渐减持,收回的资金可用于设立专项基金,解决设立集体股时所要解决的诸如公共管理、集体福利以及撤制前已经退休人员的养老和医疗费发放问题。当然,也可以不设立集体股,这种情况下就应当在企业收益中保留一定数量的公积金,用于发展社区福利。一旦设置了集体股,就引发了集体股权的所属与控制问题。不可分割的集体股权属于谁?集体股权由谁来控制?这两个问题解决不了,集体资产仍得不到很好的处置,集体产权主体仍然被虚置,产权关系依然模糊不清,政企仍然不分,权责仍然不明。对此应谨慎。

在实行"村改居"时,应当明确集体资产产权量化到个人是农村集体资产的处置的基本原则。从全国情况看,农村集体资产的处置至今尚未找到一个妥善、规范、有效的解决办法。在各地的农村集体资产管理条例对此问题的涉及都较为粗略,其主要规定是对集体资产数额较大的撤制村、队,要积极创造条件进行改制,发展规范的股份合作经济;对数额较少或没有条件继续发展规范的股份合作经济的,固定资产等交由所属村或乡(镇)合作经济组织管理,待村或乡(镇)撤制时再行处置。对公益金、福利基金和低值易耗品、库存物资、畜禽的折款、青苗补偿费、村队和种植的树木补偿费以及不属于固定资产的土地等附着物的补偿费,应该按照有关方面的规定兑现给集体经济组织的每个成员。

此外,为适应农村加快城镇化进程的需要,还需在产权制度改革中及早对社区成员的社会保障作出安排。农村集体经济股份合作社的收益分配过程应该按照章程规定进行,通过村务公开,公正透明,接受村民监督。

六、关于农村集体资产的撤资村队处置方式问题

由于农村集体资产撤资村队处置方式的现行政策不足,各地在实践中的做法各有特点,资产处置方案也不尽相同。不少地方在撤资村队时大都分光用光,在农村集体资产处置过程中的问题和难点也是相近的。

上海近几年来在撤资村队中对如何处置好集体资产处置的问题进行了探索,倡导实行农村集体经济组织产权制度改革。其主要做法:

一是建立班子。改制的村集体经济组织要在村党组织及村委会的

领导下,建立由村集体经济组织负责人、民主理财小组成员和村集体经济组织成员代表共同组成的村集体经济组织产权制度改革领导小组和工作班子,组织实施改制工作。区县和乡镇也要组织相应的班子,加强对村集体经济组织产权制度改革的指导。

二是制定方案。村集体经济组织产权制度改革领导小组在拟定改制具体政策和实施方案时,乡镇人民政府和区县主管部门应依据有关法律法规和政策加强指导监督。改革方案必须张榜公布,须经村集体经济组织成员大会三分之二以上成员讨论通过,并报乡镇人民政府和区县主管部门备案。

三是清产核资。在区县、乡镇农村集体资产管理部门、农村经营管理部门的指导下,由村产权制度改革领导小组组织清产核资小组,对村集体经济组织所有的各类资产进行全面清理核实。要区分经营性资产、非经营性资产和资源性资产,分别登记造册。实施清产核资时,如村集体经济组织成员大会要求进行资产评估的,可按有关规定请有资质的资产评估机构进行评估。要召开村集体经济组织成员大会,对清产核资结果进行审核确认。清产核资结果要及时在村务公开栏张榜公布,并上报乡镇主管部门备案。

四是收益分配。村集体经济组织改制后,应按集体与成员拥有股权的比例进行收益分配。在收益分配后,应做好审计工作。改制后集体经济组织的年终财务决算和收益分配方案,必须提交村集体经济组织成员大会讨论通过。

五是建章立制。改制的村集体经济组织,必须根据国家有关法律法规及政策规定,制定相应的章程,建立成员大会、理事会、监事会法人治理机构,规范财务管理,并制订好相关议事规则和管理制度,切实维护农村集体经济组织及其成员的合法权益。

在处理这个问题时,笔者认为,应坚持四个原则:第一,必须保持农村社会稳定;第二,不能赞成农村集体资产流失或分光吃净;第三,要照顾到社区绝大多数农民的切身利益;第四,应尽量避免不负责任的搁置问题。应当将集体资产产权量化到个人作为一个基本的原则。

七、关于农村集体资产的管理体制问题

农村集体资产管理与国有资产管理最大的区别在于:国有资产的管理主体是各级政府国有资产管理部门,是一种直接管理;而农村集体资产的管理主体是社区集体经济组织,政府机构对农村集体资产管理只是进行业务上的指导监督,且涉及多部门。

同时,目前农村集体资产监管职能分散,呈现部门交叉、多头管理。在区县层面,农村集体财务(资金)管理职能大多归口区县农业行政部门,由区县农经站具体承担。农村集体资产管理职能大多区县都在国资委。2011年10月上海市政府办公厅77号文件要求予以理顺。在乡镇层面,近几年来,随着新一轮乡镇机构改革,撤销了原乡镇农经站,导致大多数乡镇的农村集体资产监管人员队伍相当薄弱,一些乡镇在财经事务管理中心仅安排1—2人具体负责农村集体资产管理,少数乡镇没有专职人员,这与当前承担面广量大的农村集体资产管理任务极不适应。在村层面,大多数村集体经济组织不够到位,由村民委员会代替村集体经济组织行使农村集体"三资"管理职能。

根据国务院关于集体资产管理的有关规定,以及长期以来农业行政主管部门在农村经营管理中的主导作用,本课题组经过梳理后认为,应明确统一管理和分部门协调管理的原则,农村集体经济组织在乡镇(街道)、村党组织的领导下,依法自主决定经营管理的重大事项,接受各级人民政府、村民委员会的依法监督。明确各级人民政府农业行政主管部门负责对农村集体经济组织的经营管理进行指导、监督和服务,依法维护农村集体经济组织及其成员的合法权益。各级人民政府其他有关部门依据各自职责,对农村集体经济组织的改革与发展给予支持、监督和服务。对凡未改为公司的集体经济组织和集体资产,当地农业

部门仍然必须切实履行管理职责；改为公司的，由各级政府统一实施宏观管理。

■ 结　语

综上研究，本课题组认为，开展对农村集体资产管理相关法律的研究具有十分重要的现实意义。中国至今尚未有系统的法律、法规对农村集体资产进行规范。法律规范的缺失使各地政府对农村集体资产问题的处理千差万别，极易引发各类矛盾。解决这一问题的关键在于加快国家立法步伐。在国家立法层面，首要的是为农村集体资产的经营管理创设一个法律主体，明确农村集体经济组织对农村集体所有的资产享有占有、使用、收益和处分的权利，并在法律中对农村集体经济组织的成员范围、组织形式、组织机构、议事规则、责任财产范围和责任形式等内容予以规定，使农村集体经济组织实名化、实体化、法人化。

在国家立法尚未启动之前，按照现有地方经验，可在省级层面，探索进行地方立法，并遵循"依据法律、尊重历史、照顾现实、实事求是"的原则，在地方性法规中对农村集体资产的产权归属、收益分配、财产处置等问题加以明确规定，以利于进一步加强对农村集体资产的管理。而对在操作层面上的政策措施，如农村集体资产的管理模式、运作机制、管理体制和制度建设等，则可通过制定政府规章或者规范性文件予以明确和规范。

加强农村集体资产管理是一项系统工程，涉及面广，敏感性强，任务艰巨，急需通过制定法律法规、严格依法行政和落实工作措施等方式加以整体推进。因此，在工作层面，一方面，可依托现代化信息网络技术，建立农村集体"三资"网络化监管体系，确保农村集体"三资"保值增值，落实广大农民群众的知情权、监督权和收益分配权。另一方面，着力推进集体经济组织产权制度改革,重点加大推进城市(镇)化进程较快地区,集体净资产较高且有一定规模经营性资产、收益稳定村的改革。对暂不具备改制条件的镇村,可推进集体经济组织成员界定和以农龄为基础的统计核实公示等工作。只有多管齐下,农村集体资产管理才能真正纳入依法有序的轨道,实现保值增值和可持续发展。

附 录 三

上海农村集体经济组织成员资格界定与农龄统计研究*

农村集体财产是一种特殊的财产,既凝聚着集体组织的整体利益,也凝聚着集体成员的个人利益。集体组织的整体利益说到底也就是集体成员的共同利益,集体财产的问题总是与集体成员的身份联系在一起的。集体成员的身份是集体成员权利的基础,集体成员权利的总和就是集体成员所有权。因此,集体成员的身份与集体所有权是不可分离的。在落实政策过程中,如何界定集体经济组织成员,即如何界定集体资产"谁有份",成为农村集体资产管理工作的最为棘手的问题。在这一背景下,研究农村集体经济组织成员的资格认定和开展农龄统计具有十分重要的现实意义。

本课题研究采用理论和实际相结合的办法,以上海农村集体组织成员资格界定为研究视角,对当前农村集体组织成员资格界定和农龄统计工作中的若干敏感问题进行了探讨,并提出了有关建议和对策,以资引起有关方面对该问题的重视和研究。

———————————
* 本报告 2013 年获第九届上海市政府决策咨询三等奖。方志权为课题主持人,张建官、陈怡赟、陈晓华、楼建丽、王晓霞等同志参加本课题研究。本书出版时有部分删节。

■ 第一部分　理论研究

从现实发展情况看,随着中国经济的快速发展,城市化进程不断加快,农地向非农部门供给的速度也在加快,征地一直是农地向非农部门供给的主要方式,征地补偿款的分配也就成为许多集体经济组织经常面临的问题。加快使农村集体经济组织频繁面临征地补偿款的分配,现有的几种分配模式不能适应日趋复杂的集体成员结构,常常引发纠纷和矛盾。农龄的使用为征地补偿分配提供了一种新思路。农龄与农村集体产权制度相契合,有深厚的社会文化基础,易于操作和被认可。按农龄分配与按户籍分配配合使用。有助于解决矛盾集中的户籍变动人口的利益分享问题,既可以体现集体成员以往的贡献,又能够维护现有成员的权利,兼顾纵向和横向的平等,有助于减少征地补偿中的矛盾和纠纷。

事实上,农龄是与工龄相对应的,最早用于解决下乡知青的工龄问题,农龄一词由此提出。众所周知,工龄与工资、福利、晋级等联系在一起,20世纪80年代初,返城知青由于与留城人员工龄差距大而导致生活困难,提出以农龄换工龄,得到了中央的认可并付诸实施,解决了许多下乡知青的待遇问题。近几年来,上海、北京、江苏、浙江等地的农村集体经济组织在产权制度改革中引入了农龄,制定了一系列农龄计算方法,设立了农龄股,按股分红。

农龄就是从事农业劳动的年限。它可以说由工龄衍生而来,二者都产生于计划经济。工龄与工资、福利、晋级等联系起来,实际衡量对国家或对企业的贡献,在衡量时不考虑质的差别,暗含的假设是每人每年的贡献相同。农龄与工龄一样,都用于衡量个人的劳动贡献。并包含据此劳动贡献获取报酬的思想。知青计算农龄,是为了对认为过去应得而未得的报酬进行补偿。农龄用于征地补偿分配具有类似的作用。土地是自然与人类劳动的共同产物,在征地补偿的分配中,部分集体成员也要求对过去的劳动进行补偿。在衡量农村集体成员的劳动贡献方面。农龄很容易操作和得到认可。因为劳动或贡献在质上的差别很难衡量,而农村的生产活动交叉繁复,不像企业中那样定时,再加上跨越的时间长,不同历史阶段的劳动难以比较。更增加了劳动贡献测算的困难,相比之下,农龄就成为一种最易操作、最容易被接受的选择。

农龄作为一种客观的标准还可以很好地涵盖各种不同类型的集体成员。由于社会历史的变迁以及经济社会发展中的人口流动加速,农村集体经济组织成员构成复杂。按农龄分配从某种程度上说是为了适应成员的复杂状况。典型的农村人员分类共分为 4 类、16 种对象:第一类是本村集体经济组织现有在册的人员,这是农村各类人员中的主体。第二类是户口在村的其他人员,其中主要有 8 种对象:(1)农嫁居人员及其子女;(2)农嫁农人员及其子女;(3)离婚、丧偶妇女及其子女;(4)土地征用招工人员;(5)其他经劳动人事部门批准,在行政企事业单位工作的人员;(6)子女顶替招工户口农转非,本人户口迁回农村仍享受原企业养老、医疗等待遇的退休职工;(7)户口挂靠人员;(8)经村集体研究决定的原人才引进人员。第三类是户口不在本村的原村民,其中主要有 6 种对象:(1)现役义务兵和服役十年以下的士官(初级士官);(2)军队军官、服役十年和十年以上的士官(中级士官);(3)行政企事业单位的人员;(4)大中专在校生和毕业生;(5)劳教和服刑人员;(6)其他户口农转非的人员。第四类是居嫁农人员,即城镇居民户口的妇女出嫁给本村集体经济组织成员的人员。由此提出在界定好农村集体经济组织成员的基础上对农龄进行统计。

从农村维稳需要看,在经济发达地区,随着农村改革的不断深化和城市化进程加快,农村经济社会发生了很大变化,一方面,大量城郊土地被征用,"村改居"工作、"城中村"改造、"并村并镇"引起的农村集体资产归属和管理成为突出问题;另一方面,由于农村集体资产管理主体

189

混乱,部分地方弱化了管理,导致农村集体资产被贪污、挪用、侵占、损坏、挥霍浪费、随意非法改变权属、无偿调拨占用、低价承包、变卖处置等流失严重。因此,农村集体经济组织成员资格的界定问题已成为当前维护本集体经济组织及其成员合法权益、深化农村改革发展的焦点之一。

农村集体经济组织成员资格界定问题的本质就是界定谁是农村集体资产的所有者。要界定好农村集体经济组织成员资格,先要追溯到农村集体经济组织是怎样形成的。农村集体经济组织真正产生于1956年全国高级农业合作化运动,它是为实行社会主义公有制改造,在自然乡村范围内,更多是在一个生产队范围内,由农民自愿联合,将其各自所有的生产资料,土地、较大型农具、耕畜等,投入集体所有,由集体组织农业生产经营,农民进行集体劳动,各尽所能,按劳分配的农业社会主义经济组织。

需要指出的是,随着上海市村级集体经济组织产权制度改革不断深入推进,进行改革的村都进行了成员资格的确认,但由于各村历史情况有所不同,成员资格界定的标准不一,给改革带来了一定的矛盾隐患。所以,成员资格的界定必须有统一的界定原则和具体的界定标准。确认农村集体经济组织成员的身份需要一个明确的标准,而这个标准不能由集体经济组织自己定。由于"三农"问题十分复杂,要在短期内制定一个全国统一的集体组织成员认定标准也不现实,但城市化进程中或者"村改居"过程中对集体资产进行量化分配不可避免地会遇到集体组织成员身份认定问题。

笔者认为,对这一问题,各地可根据情况出台有关地方性法规或规范性文件,规定集体组织成员身份认定标准。总体考量是:农村集体经济组织成员资格的确认基于由本组织较为固定的成员所组成的具有延续性的共同体,其成员原则上应该在本组织所在地长期固定地生产、生活,形成事实上的权利义务关系及管理关系,并结合是否具有依法登记的本组织所在地常住户口来进行确认。在此大前提下,对一些特殊或者疑难问题,可充分尊重村集体经济组织的自主权。

综上所述,笔者认为,鉴于各社区群体人员的情况具有特殊性,在符合法律政策基本精神的前提下,成员资格的界定应充分尊重农村集体经济组织的自主权,农村集体经济组织成员资格的界定遵循"依据法律、尊重历史、照顾现实、实事求是"的原则。开展农村集体经济组织成员界定和农龄统计工作,应坚持以下几个原则:

第一,依法依规原则。凡法律、法规和政策已明确规定具有农村集体经济组织成员身份资格的,都应当严格贯彻执行。目前界定农村集体经济组织成员资格,必须严格执行《宪法》《物权法》《土地法》《农村土地承包法》等国家法律的规定,严格执行市政府《上海市撤制村队集体资产处置暂行办法》(沪府发〔1996〕34 号文件)、《上海市撤制村队集体资产处置暂行办法补充意见的通知》(沪府发〔1998〕55 号文件)的有关政策规定。

第二,民主决策原则。农村集体经济组织全部资产的所有者是农村集体经济组织成员,成员大会或者成员代表大会是农村集体经济组织的最高权力机构。农村集体经济组织成员资格的界定必须交由农村集体经济组织成员大会或者成员代表大会民主讨论,并由集体经济组织成员(代表)大会三分之二以上表决通过。

第三,实事求是原则。界定农村集体经济组织成员资格,必须充分尊重农村集体经济组织形成的历史,尊重农村集体经济组织资产形成的历史,尊重农村经济发展中集体经济组织成员的变化历程。农村集体经济组织成员大部分是世居的农民,还有一些是收养、婚嫁、国家政策等原因成为成员的,因此,在成员资格界定时,要实事求是,分清不同情况,区别对待。

综观各地的情况,农村集体经济组织成员资格的取得与当地农村社会、集体经济发展、人口变化等情况相关。一般有以下两种:

第一，原始取得。1956年将私有财产投入高级合作社的农民是最初的农村集体经济组织成员，也就是世居农民。这些成员的后代，仍在原农村集体经济组织所在地生产生活，履行法律法规和组织章程规定的义务，户籍性质没有发生变化，这些新出生的农民也是农村集体经济组织成员。

第二，法定取得。原非本集体经济组织成员的自然人，因婚姻、收养、政策移民等加入新的农村集体经济组织，履行法律法规和组织章程规定的义务，从法定迁入时间起，取得本集体经济组织成员资格。

其一，婚姻取得。凡是与本集体经济组织成员形成法定婚姻关系，并将户口迁入该集体经济组织的人员，从迁入时间起，界定为本集体经济组织成员。

其二，收养取得。在1992年4月1日《收养法》颁布之前收养而未办理收养登记手续的在册收养子女，从收养时界定为本集体经济组织成员。《收养法》颁布后，办理了合法收养登记手续的在册收养子女，从登记在册时间起，界定为本集体经济组织成员。

其三，政策移民取得。因国家建设的需要，从一个农村集体经济组织迁入另一个农村集体经济组织，被迁入的成员从迁入时间起，界定为迁入地的集体经济组织成员。

农村集体经济组织成员资格的丧失，情况比较复杂。在农村集体经济组织成员未取得其他社会保障之前，一般认定其具有本集体经济组织成员资格。对于被注销或迁出本集体经济组织等情况，确定其丧失了本集体经济组织成员资格。一般有以下三种：

第一，死亡。集体经济组织成员死亡，户口被公安机关注销，其集体经济组织成员资格随之丧失。

第二，户籍迁出。户籍转为非农家庭户口后，纳入了城镇居民的社会保障体系，其农村集体经济组织成员资格随即丧失。户籍从一个集体经济组织迁到另一个集体经济组织时，原集体经济组织成员资格丧失。

第三,享受了国家财政工资或纳入了城镇社会保障体系。受聘于国家机关、企事业单位,并有了稳定收入来源,或因招工、招干等已转变原有身份并纳入相应社会保障体系后,其农村集体经济组织成员资格丧失。

在界定农村集体经济组织成员资格中,经常会遇到学生、军人、小居民、空挂户、服刑人员等特殊人群,在界定其成员资格时,界定标准也应有所统一。以下几种特殊人群的成员资格应作如下界定:

第一,学生。大中专院校的在校学生,就读期间其户口由原籍临时迁入学校管理的学生,具有本集体经济组织成员资格;学生毕业以后,迁回原籍的,具有本集体经济组织成员资格。

第二,军人。本集体经济组织成员在参军服役期间具有本集体经济组织成员资格,提干后不再享有。现役义务兵具有本农村集体经济组织成员资格;服义务兵役期满留在部队改士官复员回原籍入户后,未落实社会保障的,从复员的次年起具有本集体经济组织成员资格。

第三,小居民。从 2001 年起,上海市父母双方有一方为农村户口,其出生的子女统一登记为城镇居民户口的,这类农民的子女具有本集体经济组织成员资格。

第四,空挂户。从外地迁入本集体经济组织的空挂户或挂靠户,自户口迁入时起,未在本集体经济组织生产、生活,未与农村集体经济组织形成权利义务关系,不以该集体经济组织所有的土地为基本生活保障的,不具有本集体经济组织成员资格。

第五,其他特殊情况。农村集体经济组织成员资格界定涉及面广,情况也很复杂,一些特殊情况,可经农村集体经济组织成员(代表)大会三分之二以上表决是否认定其具有成员资格。

据对全国不少发达地区的实践进行观察与总结,一般以"特定时间村民户口＋对集体资产贡献大小"作为依据,是目前能够找到的界定成员资格的有效方法,将其作为认定成员资格的依据,既比较合理,也具有可操作性。

总之,农村集体经济组织成员资格的认定较为复杂,如界定标准不统一,容易引起农村集体经济组织成员上访,必须依照国家的法律和有关政策的规定,在一个区域内统一标准口径,这样才能做到公开、公平、公正,以确保农村社会和谐稳定。

■ 第二部分 经验研究

为进一步规范农村集体经济组织成员界定和农龄统计工作,切实解决工作推进中出现的新情况新问题,近几年来,上海制定了农村集体经济组织成员界定和农龄统计操作口径。

开展农村集体经济组织成员界定和农龄统计工作应坚持以下工作环节:

第一,制定方案。工作小组应将拟定的成员界定和农龄统计工作方案,提交集体经济组织成员(代表)会议讨论,通过后组织实施。

第二,成员登记。划定人员登记范围,制定人员登记方案,分类进行登记和统计。

第三,成员界定。在全面统计的基础上,按照有关规定进行界定。一时难以界定的特殊情形,应及时向上级农经业务部门反馈。

第四,三榜公示。对经过界定的成员名单和农龄统计结果必须进行三榜公示,公示无疑义后,经集体经济组织成员(代表)大会三分之二以上表决通过并签字确认。

根据法律、法规和政策,综合考虑户籍、社会保障、劳动关系等因素,原则上遵循《上海市撤制村、队集体资产处置暂行办法》(沪府发〔1996〕34号)"户口在村(队)、劳动在册"总体要求。

下列人员应界定为集体经济组织成员,并计算其农龄。

集体经济组织成员身份有两种形式取得,原始取得和法定取得(婚姻取得、收养取得和移民取得)。其主要表现为以下 12 种情形:

(1) 原农业生产合作社或农业生产队以及社级集体经济组织的社员,且户口保留在本集体经济组织所在地,属本集体经济组织成员。

(2) 原籍在本集体经济组织的现役义务兵属本集体经济组织成员。

(3) 大中专院校就读期间的原农业户籍学生,属本集体经济组织成员。

(4) 因婚姻关系办理入户的农业户籍人员,属本集体经济组织成员。出嫁、丧偶、离婚以后户口仍在本集体经济组织的人员,属本集体经济组织成员。

(5) 本集体经济组织成员在 1992 年 4 月 1 日《收养法》颁布之前收养而未办理收养登记手续的在册收养子女,属本集体经济组织成员。《收养法》颁布后,办理了合法收养登记手续的在册收养子女,属本集体经济组织成员。

(6) 因国家重大政策需要,由政府安置而迁入本集体经济组织的在册农业人口(政策性移民及其子女),属本集体经济组织成员。

(7) 2001 年出生统一登记为城镇居民户口的农民子女,父母双方有一方为农业户籍人员,从年满 16 周岁起,应视作本集体经济组织成员。

(8) 本集体经济组织成员支援边疆和内地建设,现已迁回原籍的农业户籍人员,属本集体经济组织成员。

(9) 现已迁回原籍的自理口粮户人员,仍属本集体经济组织成员。

(10) 经政府平反的服刑和劳动教养期间的农业户籍人员,承认其为本集体经济组织成员。

(11) 其他特殊情况,必须经本集体经济组织成员(代表)大会讨论决定,并经三分之二以上成员(代表)表决通过。

(12) 法律、法规和政策规定的其他集体经济组织成员。

下列人员与集体经济组织有历史关系，参加过集体劳动的，应计算其农龄。

（1）参加过集体劳动的插队知青。

（2）参加过集体劳动、后成为国家公职人员的。

（3）参加过集体劳动、后从部队提干的。

（4）参加过集体劳动、后户口迁出本市的。

（5）参加过集体劳动、后死亡的。

（6）其他特殊情形，由集体经济组织成员（代表）大会讨论决定，并经三分之二以上成员（代表）表决通过。

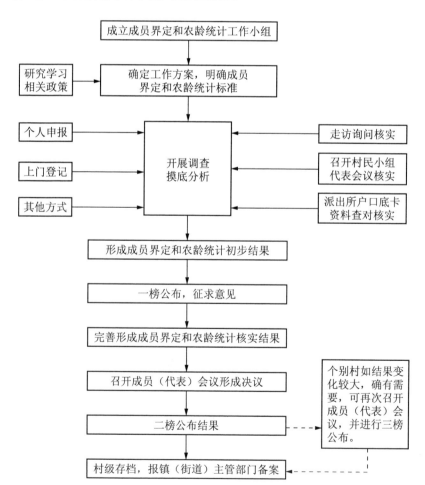

农龄统计时间一般自 1956 年 1 月 1 日至本集体经济组织认定的截止日期止,户口在村、队的年满 16 周岁以上(含 16 周岁)的农业户籍人员。累计不满半年按半年计算,累计满半年不足一年的按一年计算。具体由集体经济组织成员民主讨论决定。

在界定农村集体经济组织成员,实行农龄统计时,还涉及以下几个热点问题:

第一,关于插队知青。关于上海市撤制村、队集体资产处置中的分配对象问题,我们的政策依据是《上海市人民政府批转市农委关于〈上海市撤制村、队集体资产处置暂行办法〉补充意见》(沪府发〔1998〕55 号)。文件第十条明确规定:"对集体经济组织成员劳动积累和非劳动积累形成的集体资产,在分配上要严格区别。撤制村、队因集体土地非农化的增值资金和因享受国家有关扶持政策形成的集体资产等,是非劳动积累的集体资产。"政策的主要宗旨是在撤制村、队时,不同类型的成员,在分配上要进行区分,以确保每个成员的利益。插队知青对集体经济的贡献在于曾经在村、队参加过集体劳动,属于劳动积累形成资产一类的性质;而农村原住村民不仅在村、队参加集体劳动,而且在 1956 年将私有土地等生产资料入股到农村集体经济组织,既有劳动形成积累的资产,又有非劳动积累的资产。因此,插队知青和原住村民在处置分配上应区别对待,目前不少地方在操作中,是按照净资产总值除以总农龄得出的农龄单价作为分配依据,以现金的形式兑现给知青。

需要强调的是,在资产处置时,一定要注重操作程序的规范。有关政策方案,都要充分尊重全体农村集体经济组织成员的意愿,经集体经济组织成员(代表)大会审议同意,形成决议后才能实施。

第二,关于农龄统计起始时间。我们对各区县和已经改制地方进行了排摸,从汇总情况看,各区县在实际操作过程中,农龄计算起始时间都遵循《上海市撤制村、队集体资产处置暂行办法》(沪府发〔1996〕34 号)和《上海市人民政府批转市农委关于〈上海市撤制村、队集体资产处置暂行办法〉补充意见》（沪府发〔1998〕55 号）的规定，从 1956 年农业高级合作化开始起计算农龄。

同时调查发现，确有个别地方由于合作社成立稍晚或资料保管不齐等原因，农龄从 1958 年开始计算，但这一起始时间都是经过集体经济组织成员（代表）会议讨论通过后才执行的。从排摸情况看，嘉定区华亭镇、南翔镇建立合作社较晚，1958 年才成立，因此农龄从 1958 年算起。闵行区莘庄工业区，1958 年从江苏省并入上海市，虽然合作社是 1956 年建立的，但由于 1956—1957 年间的相关历史资料在省市合并过程中缺失，无法查证，只能从 1958 年算起。

2010 年 3 月，嘉定区南翔镇在上海市率先开展农村集体经济组织成员界定和农龄调查核实工作。到 8 月，嘉定区已在上海市涉农区县中率先完成农村集体经济组织成员界定和农龄统计工作。截至 2010 年年底，嘉定区 152 个行政村，2234 个村民小组的总农龄共计 1144.21 万年。镇级农龄数以安亭镇为最多，达 202.81 万年；村级农龄数以马陆镇大裕村为最多，达 25.24 万年。

为进一步维护好、实现好、发展好农民利益，上海确定从 2011 年起，用两年左右的时间完成全郊区农村集体经济组织成员界定和农龄统计工作。

2012 年上海全面开展了农村集体经济组织成员界定和农龄统计工作。涉农郊区 120 个乡镇中，除崇明港西、城桥 2 个镇外的 118 个乡镇农龄统计工作已全部完成，并已陆续完成数据录入平台工作。全郊区 1648 个村已完成农龄统计，涉及 25366 个生产小组，558.2 万个集体经济组织成员，合计总农龄 11851.7 万年，人均 21.2 年。主要经验有以下五点：

第一，领导重视，加强宣传。各区县高度重视农龄统计工作，召开了专题会议，明确工作目标和任务。同时，各区县认真做好思想宣传发动工作,消除村民对农龄统计工作的误解,使其认识到开展农龄统计工作是一项事关农村集体经济组织成员切身利益的基础性工作。

第二,组建机构,落实方案。各区县成立农龄统计工作指导小组;各乡镇(街道、工业园区)相应成立了领导班子和工作机构,安排专人负责农龄统计工作。根据市委农办、市农委有关要求,结合各区县实际,对农村集体经济组织成员界定和农龄统计工作进行全面部署,落实工作方案,明确工作内容,切实履行民主程序。

第三,统一口径,严格进度。各区县统一操作口径,明确农龄时间从1956年农业高级合作社开始起计算,农龄以年度为单位计算,严格按照统计核实结果,做到公开、公正、不重复、不遗漏、不出错。同时,根据农龄统计工作进度,制定切实可行的工作推进计划,严格时间节点,确保工作质量。

第四,规范程序,阳光运作。各区县严格按照规范程序,采取多种形式,深入细致做好核查工作。工作中充分尊重历史、尊重实际,坚持实事求是,并履行民主程序。农龄统计结果形成后,征求集体经济组织成员意见,并由成员(代表)三分之二以上讨论通过后,经三榜公示结果。统计结果无异议,由成员本人签字确认后录入"三资"监管平台。

第五,加强服务,解决难题。在推进农龄统计工作中,接到了一些信访件,主要是咨询了解一些服役期间军龄如何统计为农龄和支内、支边的农龄计算问题。针对这些问题,农经部门组织安排人力,专门进行调查、核实,并根据政策规定,逐一进行了答复和解决,信访的农民均表示满意,农龄统计工作得到了广大农民的交口称赞。

综上所述,农村集体经济组织成员资格界定和农龄统计工作是一项系统工程,涉及面广、政策性强、社会各界高度关注,因此,迫切需要各方有识之士进行深入调研,反复比对,不断实践,才能真正将难事、烦事办成好事、实事,使之造福于一方百姓,促进全社会的和谐与稳定。

附 录 四

上海市农村集体资产监督管理条例

（2017 年 11 月 23 日上海市第十四届人民代表大会常务委员会第四十一次会议通过）

第一章 总则

第一条 为了加强和规范农村集体资产监督管理，维护农村集体经济组织及其成员的合法权益，支持和促进农村集体经济可持续发展，根据《中华人民共和国民法总则》、《中华人民共和国物权法》等法律、行政法规，结合本市实际，制定本条例。

第二条 本市行政区域内农村集体资产管理及其监督等活动，适用本条例。

本条例所称农村集体资产，是指乡镇、村、组农村集体经济组织全体成员集体所有的资产。

本条例所称农村集体经济组织，是指乡镇、村、组成员以生产资料集体所有制为基础建立的合作经营、民主管理、服务成员的组织。

第三条 农村集体经济组织应当接受所在地中国共产党基层组织领导，完善组织章程，建立健全民主管理的治理机制，依法管理农村集体资产，发展农村集体经济。

第四条 本市各级人民政府应当根据本行政区域发展实际，建立完善财政引导、多元投入的集体经济发展扶持机制，加大对农村公共服务的财政投入,支持农村集体经济发展。

市、区农业主管部门和乡镇人民政府按照职责分工负责指导、协调和监督本行政区域内农村集体资产的管理工作。市、区和乡镇农村经营管理机构履行本条例规定的日常指导和监督管理职责。

市、区发展改革、财政、民政、公安、工商、质量技监、税务、规划国土资源、住房城乡建设管理、人力资源社会保障、水务等部门按照职责分工,共同做好有关农村集体资产管理的指导工作。

行政区域内存在农村集体资产的街道办事处,履行本条例关于乡镇人民政府的各项职责。

第五条　农村集体经济组织应当与乡镇人民政府、村民委员会实行事务分离、分账管理。

农村集体经济组织根据法律、法规和章程的规定,可以将其收益按一定比例用于本地区公共事务和公益事业。

第六条　农村集体资产受法律保护,任何单位和个人不得侵占、损害。

任何单位和个人不得强制农村集体经济组织捐助或者向农村集体经济组织摊派。财政投入实施的农村公共设施建设和公共服务项目,不得强制农村集体经济组织安排配套资金。

第七条　市、区人民代表大会及其常务委员会和乡镇人民代表大会应当加强对农村集体资产相关法律、法规实施情况的监督检查。

第二章　权属确认

第八条　下列资产依据法律规定纳入农村集体资产管理范围:

(一)成员集体所有的土地等资源性资产;

(二)成员集体所有的用于经营的建筑物、设施设备、无形资产、集体投资形成的投资权益等经营性资产;

(三)成员集体所有的用于教育、科技、文化、卫生、体育等公共服

务的建筑物、设施设备等非经营性资产;

(四)政府拨款、减免税费以及接受捐赠、资助形成的资产;

(五)依法属于成员集体所有的其他资产。

前款规定的经营性资产应当以份额形式量化到本集体经济组织成员。除国家和本市另有规定外,其他资产不得以份额形式量化或者以货币等形式分配。

第九条 自农村高级农业生产合作社成立以来,在乡镇、村、组集体生产生活的人员,经农村集体经济组织民主程序确认,成为该集体经济组织成员。成员确认应当综合户籍关系、农村土地承包关系、对农村集体资产积累的贡献等因素。

农村集体经济组织成员对农村集体资产及其经营管理依法享有知情权、表决权、收益权、监督权等权利。因工作、生活等原因与农村集体经济组织不再具有生产生活关系的,不享有表决权,但农村集体经济组织章程另有规定的除外。

第十条 农村集体经济组织应当建立成员名册,记载成员的姓名、份额等基本信息,并及时向乡镇农村经营管理机构备案。

农村集体经济组织成员享有的份额,应当以户为单位记载。户内总份额一般不随户内人口增减而调整,但农村集体经济组织章程另有规定的除外。

第十一条 农村集体资产份额可以在本集体经济组织成员之间转让、赠与,也可以由本集体经济组织赎回,不得向本集体经济组织成员以外的人员转让、赠与。

农村集体资产份额可以依法继承。农村集体经济组织成员以外的人员通过继承取得份额的,不享有表决权,但农村集体经济组织章程另有规定的除外。

通过份额量化或者转让、赠与、继承等方式持有农村集体资产份额的,持有的总份额不得超过农村集体经济组织章程规定的上限。

第三章　组织机构

第十二条　乡镇农村集体经济组织可以登记为农村经济联合社，村、组农村集体经济组织可以登记为农村经济合作社。农村经济联合社和农村经济合作社（以下统称经济合作社）由区农业主管部门登记并发放证书，登记证书应当记载农村集体经济组织名称、统一社会信用代码、负责人、住所等事项。

农村集体经济组织已经登记为有限责任公司或者社区股份合作社的，符合条件可以转制为经济合作社。

农村集体经济组织依据《中华人民共和国民法总则》等法律、行政法规的规定取得法人资格。

第十三条　经济合作社的组织机构由成员大会、理事会、监事会组成，表决实行一人一票制。

经济合作社理事会成员、监事会成员任职前应当进行公示，理事会成员、监事会成员不得互相兼任。

第十四条　经济合作社应当制定章程，并向区农业主管部门备案。章程可以载明下列事项：

（一）名称、住所和负责人；

（二）经营范围；

（三）成员大会、成员代表会议、理事会、监事会的职责范围和议事规则；

（四）成员代表的组成和选举、罢免的方式；

（五）理事会、监事会的组成以及理事、理事长、监事、监事长的选举、罢免的方式；

（六）重大事项、一般事项、主要管理人员的范围；

（七）成员份额、限额、份额流转的条件与程序；

（八）收益分配办法；

（九）合并、分立以及因其他事由解散的条件；

（十）清算办法；

（十一）成员大会或者成员代表会议认为需要规定的其他事项。

区农业主管部门应当在市农业主管部门的指导下，结合本区实际情况制定示范章程。

第十五条　成员大会是经济合作社的权力机构，可以就下列事项作出决定：

（一）制定和修改章程；

（二）选举和罢免理事会、监事会成员；

（三）审议理事会、监事会工作报告；

（四）合并、分立以及因其他事由解散的实施方案；

（五）农村集体资产发展规划、经营方式、重要规章制度、重大投资项目；

（六）年度财务收支预算、决算和收益分配方案；

（七）成员的增减；

（八）法律、法规和章程规定的其他事项。

成员较多的经济合作社，可以设立由成员户代表或者成员代表参加的成员代表会议，按照章程规定履行成员大会授予的职责。

第十六条　成员大会或者成员代表会议每年至少召开一次，由理事会召集，理事长主持。经十分之一以上的成员或者理事会、监事会提议，应当召开成员大会或者成员代表会议。

成员大会由全体成员二分之一以上出席方可举行，成员代表会议由全体代表三分之二以上出席方可举行。

成员大会和成员代表会议对章程规定的重大事项的决议，应当由出席人数五分之四以上通过；对一般事项的决议，应当由出席人数三分之二以上通过。

第十七条　理事会是经济合作社的管理机构，依照章程规定履行下列职责：

（一）召集成员大会或者成员代表会议；

（二）执行成员大会或者成员代表会议的决议；

（三）制定并执行农村集体资产管理的规章制度；

（四）制订年度财务收支预算、决算和收益分配方案草案；

（五）负责农村集体资产的经营和日常管理工作；

（六）向成员大会或者成员代表会议作工作报告；

（七）法律、法规和章程规定的其他职责。

理事任期由章程规定，但每届任期不得超过五年。

第十八条　监事会是经济合作社的监督机构，依照章程规定履行下列职责：

（一）检查经济合作社财务；

（二）监督理事、主要管理人员执行职务的行为，对违反法律、法规、章程以及成员大会或者成员代表会议决议的理事、主要管理人员提出罢免建议；

（三）纠正理事、主要管理人员损害经济合作社利益的行为；

（四）提议召开成员大会或者成员代表会议，在理事会不召集会议时自行召集会议；

（五）向成员大会或者成员代表会议提出提案；

（六）法律、法规和章程规定的其他职责。

监事任期由章程规定，但每届任期不得超过五年。

第四章　经营管理

第十九条　农村集体经济组织应当建立和完善农村集体资产经营管理、责任考核和风险控制等制度。

农村集体经济组织对经营性资产可以直接经营，也可以采取发包、租赁、委托、合资、合作等方式经营。

农村集体经济组织理事、主要管理人员不得违反法律、法规和章程的规定，或者未经成员大会同意，以农村集体资产为他人提供担保。

农村土地等资源性资产的经营和使用，应当遵守有关法律、法规的规定，不得擅自改变其用途。

第二十条 农村集体经济组织应当定期开展资产清查核实工作，重点清查经营性资产、未承包到户的资源性资产以及现金、债权债务等。清查核实结果应当向成员公示，并经成员大会或者成员代表会议确认。

第二十一条 转让农村集体资产的，应当符合国家和本市关于产权公开交易的规定。出租农村集体资产的，鼓励在农村集体资产租赁平台上以公开、公正的方式择优选择承租人。

第二十二条 农村集体经济组织只能开立一个基本存款账户，可以按照有关规定开立专用存款账户。相关账户信息应当向乡镇农村经营管理机构备案。

农村集体经济组织应当建立健全财务收支预决算、开支审批、资金管理、票据管理、财务公开、坏账核销和内部控制等财务和会计制度。

农村集体经济组织与其他单位或者个人在经济往来中取得的原始凭证，应当真实、合法。农村集体经济组织以及由其设立的企业的财务档案、经济合同等资料，应当按照有关规定予以保存。

第二十三条 农村集体经济组织应当配备必要的会计人员或者委托具备资质的专业机构承担财务核算、财务会计档案保管和统计等工作。

乡镇人民政府确定的机构提供会计代理服务的，不得向农村集体经济组织收取费用。

第二十四条 农村集体经济组织应当定期向其成员公示下列信息：

（一）农村集体资产的运行情况；

（二）农村集体经济组织设立企业的资产运行情况；

（三）农村集体经济组织及其设立企业的管理人员工作报酬、经济责任审计情况；

（四）农村集体资产的清查核实结果；

（五）国家和本市规定应当公示的其他信息。

第二十五条 农村集体资产经营收益由本集体经济组织全体成员集体所有。

农村集体经济组织当年的净收益应当在弥补亏损、提取公积金和公益金后，按照本条例和章程的规定进行分配。公积金和公益金的提取比例均为当年净收益的百分之十五，鼓励农村集体经济组织在章程中规定更高的提取比例。公积金和公益金累计额达到章程规定的，可以不再提取。

公积金主要用于发展生产、转增资本、弥补亏损，公益金主要用于资助本地区公共事务和公益事业。

农村集体经济组织应当在农村经营管理机构的指导和监督下，根据本集体经济组织经济状况和发展实际，制订年度收益分配方案。年度收益分配方案应当符合国家和本市有关规定，并向农村经营管理机构报告，提交成员大会或者成员代表会议审议决定。

第二十六条 农村集体经济组织合并、分立或者因其他事由解散，需要调整农村集体资产权属或者处置农村集体资产的，应当在区农业主管部门的指导和监督下，制定具体的实施方案；村民小组、村、乡镇撤制的，农村集体经济组织应当先行对集体资产清产核资、明晰产权，制定处置方案。

前款规定的实施方案和处置方案应当提交成员大会或者成员代表会议审议决定。调整农村集体资产权属和处置农村集体资产时，对纳入经营性集体资产管理范围的土地补偿费等应当按照国家和本市的规定进行份额量化，不得损害农村集体经济组织及其成员的合法权益。

第二十七条 在农村集体产权制度改革中,因农村集体资产权利人名称变更、资产确权和变更等情形发生的相关税费,按照国家有关规定予以减免。

第二十八条 有下列情形之一的,农村集体经济组织应当委托具备法定资质的资产评估机构对农村集体资产进行评估:

(一)将农村集体资产作价出资的;

(二)转让农村集体资产达到章程规定的限额的;

(三)因村民小组、村、乡镇撤制或者农村集体经济组织解散,需要调整农村集体资产权属或者处置农村集体资产的;

(四)法律、法规规定需要进行评估的其他情形。

农村集体资产评估结果应当向本集体经济组织成员公示。

第二十九条 农村集体经济组织应当委托第三方专业机构或者建立内部审计机构,每年对本集体经济组织的经济活动开展审计。

审计结果和审计整改情况应当向本集体经济组织成员公示。

第三十条 农村集体经济组织成员有权了解本集体经济组织的经营管理情况,农村集体经济组织应当及时答复并予以解释;十户或者二十人以上联名询问或者涉及重要问题的,应当记录在册。

第五章 指导监督

第三十一条 市、区和乡镇农村经营管理机构承担农村集体资产管理的日常指导和监督工作,包括下列事项:

(一)农村集体资产、负债、损益和收益分配;

(二)农村集体资产评估的范围、程序和结果;

(三)农村集体资产承包、租赁、转让等合同的签订和履行;

(四)公积金、公益金的提取和使用;

(五)农村集体经济组织的治理结构和议事规则;

(六)农村集体经济组织的合并、分立以及因其他事由解散;

（七）法律、法规规定的其他事项。

农村经营管理机构在监督检查中,可以进行现场检查,向农村集体经济组织或者承包、承租、受托管理农村集体资产的单位和个人询问、调查有关情况,查阅、复制有关档案、合同、发票、账簿以及其他相关资料。

第三十二条　农村经营管理机构应当对农村集体经济组织开展内部审计的情况进行检查,并根据监督管理需要,派员或者委托第三方专业机构,对农村集体经济组织的资产、财务收支等情况进行审计。

市和区人民政府审计机关在职责范围内依法进行审计业务指导。

第三十三条　农村经营管理机构在监督检查中,发现农村集体经济组织存在违法违规风险或者管理疏漏的,应当发出风险预警或者整改通知,并跟踪检查。

存在重大经营风险或者其他资产管理问题,未及时整改的,农村经营管理机构可以约谈集体经济组织等有关单位主要负责人,要求其落实农村集体资产管理责任,采取有效措施消除资产经营风险。

第三十四条　农村经营管理机构应当向农村集体经济组织成员公开对该集体经济组织开展监督检查的结果,并向相关部门通报。

农村经营管理机构应当建立农村集体资产监督管理档案,记录监督检查、相关部门对农村集体经济组织进行行政处罚等情况。

第三十五条　农村集体经济组织成员及利害关系人对成员资格、份额等有异议的,可以向农村集体经济组织提出核实申请。农村集体经济组织收到申请后,应当调查核实,并及时作出答复;发现问题的,应当予以纠正。

农村经营管理机构可以根据农村集体经济组织成员及利害关系人的请求,帮助调查核实,并督促农村集体经济组织作出答复。

第三十六条　任何单位和个人发现农村集体资产流失等违法行为的,可以向相关行政管理部门、农村经营管理机构投诉举报。

相关行政管理部门、农村经营管理机构对收到的投诉举报应当在十五日内作出处理,属于本单位职责的,予以核实、答复;不属于本单位职责的,应当在五日内书面通知、移交有权处理的单位,并告知投诉举报人。

第六章　法律责任

第三十七条　违反本条例规定的行为,法律、行政法规有处罚规定的,从其规定。

第三十八条　农村集体经济组织的理事、监事、主要管理人员有下列行为之一,造成农村集体资产损失的,依法承担赔偿责任;构成犯罪的,依法追究刑事责任:

(一)收受贿赂或者取得其他非法收入和不当利益的;

(二)侵占、挪用农村集体资产的;

(三)违反法律、法规和章程规定,以农村集体资产为他人提供担保,或者将农村集体资产低价折股、转让、出租的;

(四)不如实向资产评估机构、会计代理机构提供有关情况和资料,或者与资产评估机构、会计代理机构串通出具虚假资产评估报告、审计报告的;

(五)违反法律、法规和章程规定的决策程序决定本集体经济组织重大事项的;

(六)其他违反法律、法规和章程的行为。

第三十九条　农村集体经济组织理事、监事、主要管理人员等违反本条例规定,情节严重的,市、区农业主管部门和乡镇人民政府可以向农村集体经济组织提出暂停职务或者罢免的建议。

第四十条　农村集体经济组织成员及利害关系人认为农村集体经济组织侵害其合法权益的,或者农村集体经济组织认为其他单位或者个人侵害其合法权益的,可以依法向人民法院提起民事诉讼。

农村集体经济组织及相关人员对市、区农业主管部门或者乡镇人民政府的行政行为不服的,可以依法申请行政复议或者向人民法院提起行政诉讼。

第四十一条　各级人民政府及其有关部门的工作人员违反本条例规定,有下列情形之一的,依法给予行政处分;构成犯罪的,依法追究刑事责任:

(一)侵占、损害农村集体资产,强制农村集体经济组织捐助,或者向农村集体经济组织摊派的;

(二)财政投入实施的农村公共设施建设和公共服务项目,强制农村集体经济组织安排配套资金的;

(三)收到投诉举报或者农村集体经济组织提交的报告,未及时处理,造成不良影响的;

(四)在农村集体资产监督管理工作中滥用职权、玩忽职守或者徇私舞弊的其他行为。

第七章　附则

第四十二条　本条例自 2018 年 4 月 1 日起施行。

附 录 五

《上海市农村集体资产监督管理条例》解读问答

（上海市农业委员会农经处、上海市农村
经营管理站）

1. 问：制定《上海市农村集体资产监督管理条例》（以下简称《条例》）的背景是什么？

答：农村集体资产是农村集体经济成员的共同财富。随着农村集体产权制度改革的深入推进，国家层面对农村集体资产监督管理的要求也越来越明确。2016 年 12 月，中共中央、国务院印发了《关于稳步推进农村集体产权制度改革的意见》（中发〔2016〕37 号，以下简称《意见》），对农村集体产权制度改革作出总体部署。2017 年 3 月，全国人大通过《民法总则》，赋予农村集体经济组织"特别法人"资格。这些法律、《意见》为本市开展地方立法创造了良好的制度环境。

近年来，本市农村集体资产不断增值，镇、村、组三级拥有集体总资产已经超过 5300 亿元。同时，本市积极推进农村集体产权制度改革。截至 2017 年 6 月底，已累计完成改革 1624 个村，占总村数的 96.8%；49 个镇完成改革，占总镇数的 40.2%。如何经营好、管理好农村集体资产，对于维护农民合法权益，增加农民财产性收入，让广大农民分享改革发展成果，具有重大的现实意义，因此有必要通过立法对农村集体资产进行监督管理，并使之制度化、规范化、法制化。在这样的背景下，制定《条例》已经具备了成熟的条件。

2.问：制定《条例》的必要性是什么？

答：制定《条例》的必要性有以下三点：一是制定《条例》是落实国家决策部署、稳步推进农村集体产权制度改革的需要。《宪法》和《物权法》等法律明确规定了农村集体经济、农村集体经济组织的法律地位。《意见》进一步明确，"农村集体经济是集体成员利用集体所有的资源要素，通过合作与联合实现共同发展的一种经济形态，是社会主义公有制经济的重要形式"。同时，要求"建立健全农村集体经济组织，并在村党组织的领导和村民委员会的支持下，按照法律法规行使集体资产所有权"；"加强监督检查，严肃查处和纠正弄虚作假、侵害集体经济组织及其成员权益等行为"。上述规定是国家保护农村集体经济组织及其成员合法权益，鼓励、帮助和指导农村集体经济发展的总体要求。本市有必要通过地方立法，进一步规范农村集体资产管理及监督工作，将国家各项要求落地、落实，稳步推进本市农村集体产权制度改革各项工作持续开展。

二是制定《条例》是加强本市农村集体资产监管、维护农民合法权益的需要。明晰农村集体经济组织成员的范围，完善农村集体经济组织的运行机制，充实、细化政府对农村集体资产经营情况的监督，是切实保障广大农民合法权益的基础。目前，本市农村集体资产监督管理面临一些问题和困难：一是组织法层面，在农村集体产权制度改革过程中，集体经济组织长期"借用"有限责任公司这一形式。公司"一股一票"等治理结构与农村集体经济组织"一人一票"等合作经营、民主管理的理念不协调。二是行为法层面，农村集体资产经营规范较为原则，部分地区存在经营收益不清、分配不公、成员的集体收益分配权缺乏保障等现象，个别地区出现少数人侵占农村集体资产的情况。三是监督法层面，农村集体资产监督管理体制有待进一步完善，各级农委和农经站实际履行监管职责，但监管依据不充分、监管手段不健全，在实践中容易引发矛盾。上述问题,迫切需要通过地方立法建立健全相应的制度规范予以解决。

三是制定《条例》是发展壮大农村集体经济、促进农民持续增收的需要。发展壮大农村集体经济是加快社会主义新农村建设的重要保证,也是建立农民增收长效机制的重要途径。近年来,随着城市化进程的不断加快,本市农村集体经济的规模不断增长,每年增幅达 6%—8%。2016 年,已有 362 个村级集体经济组织、10 个镇级集体经济组织进行了收益分红,总金额达 14.4 亿元,惠及成员 127 万人,人均分红1132 元。通过立法,进一步巩固农村集体产权制度改革成果,有利于激发体制机制活力,促进农村集体资产保值增值,发展壮大农村集体经济;有利于让农民分享改革开放和现代化的成果,促进农民持续增收。

3. 问:《条例》的主要思路是什么?

答:《条例》的主要思路是通过法律的形式将上海市在加强农村集体"三资"监督和管理方面的政策措施、创新举措进一步巩固和深化,并使之制度化、规范化、法制化。制订《条例》不仅要管好眼前,还要规范未来;不仅要加强管理,还要注重监督;不仅要体现上海特点特色,还要形成可复制、可推广的经验。

4. 问:在立法过程中,是如何把握集体与个人、强制与自治、历史与未来的关系?

答:在立法过程中,《条例》注重把握三方面关系:

一是集体与个人的关系。按照国家要求,必须坚持农民集体所有不动摇,既不能把农村集体经济改弱了、改小了、改垮了,也不能把农民的财产权利改虚了、改少了、改没了。因此,在增加农民财产性收入的同时,要用好、管好、维护好给农民带来收益的集体资产,防止将农村集体资产分光用光。

二是强制与自治的关系。依据《民法总则》的规定,农村集体经济组织是特别法人,具有独立的法律主体资格。然而,与市场上的其他主体相比,农村集体经济组织经营能力相对较弱,其组织机构的搭建、章程的拟定、份额的流转、收益的分配等,都需要政府的指导、协调和监督。

三是历史与未来的关系。起草过程中,注重妥善处理涉及农民切身利益的诸多问题。例如,对于需要份额量化的资产范围、农村集体经济组织成员的确认等问题,既要尊重历史,又要照顾现实,还要给未来留下发展空间。

5. 问:《条例》的主要内容是什么?

答:《条例》共 7 章,分别为总则、权属确认、组织机构、经营管理、指导监督、法律责任和附则,合计 47 条。

第一章总则共 6 条,分别为目的和依据、适用范围、农村集体经济组织的活动、政府职责、事务分离和分账管理、农村集体资产依法受保护。

第二章权属确认共 4 条,分别为资产范围、农村集体经济组织成员、成员与份额登记、份额管理。

第三章组织机构共 7 条,分别为经济合作社的登记、基本架构、经济合作社的章程、成员大会和成员代表会议决定事项、成员大会和成员代表会议议事规则、理事会职责、监事会职责。

第四章经营管理共 12 条,分别为资产经营管理制度与方式、资产清查核实、规范经营、财务管理制度、会计委托代理、信息公示、收益分配、集体经济组织合并、分立以及因其他事由解散、产权变更登记相关税费减免、农村集体资产评估、内部审计、成员民主监督。

第五章指导监督共 8 条,分别为农经机构监督事项、农经机构监督检查职权、农经机构的审计、预警与约谈、监督检查结果与记录、异议的提出、投诉举报、人民代表大会监督。

第六章法律职责共 8 条,分别为指引条款、对造成农村集体资产损失违法行为的处理、农村集体资产违规担保的处罚、未进行资产清查核

215

实的处罚、违规分配收益、处置资产的处罚、罢免建议、司法救济、工作人员违法责任。

第七章负责共 2 条,分别为参照适用和实施时间。

6. 问:《条例》如何明确农村集体资产范围与份额量化?

答:关于明确农村集体资产的范围,《条例》主要是在《物权法》等上位法的框架内,对相关概念进行细化,将本市的做法予以固化:明确农村集体资产是"乡镇、村、组农村集体经济组织全体成员集体所有的资产"。同时,通过列举进一步阐释该资产的范围,包括成员集体所有的资源性资产、经营性资产、非经营性资产,政府拨款、减免税费以及其他接受捐赠、资助所形成的资产等。

关于份额量化,《条例》对"应当量化""可以量化"以及除另有规定外"不得量化或者分配"的资产作了明确。对于份额的管理主要包括四方面内容:一是成员及其份额等基本信息由农村集体经济组织登记,并报乡镇农村经营管理机构备案。二是为了保证份额的基本稳定,参照土地承包管理制度,规定户内总份额"生不增、死不减",同时明确"章程另有规定的除外"。三是为了防止"农村集体经济被外部资本侵吞、非法控制",规定份额可以在本集体经济组织成员内部转让、赠与,也可以由本集体经济组织赎回,不得向本集体经济组织成员以外的人转让、赠与。四是为了防止"农村集体经济由内部少数人侵占、非法处置",规定成员持有的总份额"不得超过农村集体经济组织章程规定的上限"。

7. 问:《条例》如何明确农村集体经济组织成员及其权利?

答:关于成员的确认,各地的做法不尽相同。本市目前已经完成村级农村集体经济组织成员的确认工作,具体做法是:将 1956 年农村高级农业生产合作社的成立作为起点,统筹考虑户籍关系、农村土地承包关系、对集体资产积累的贡献等因素,综合确定农村集体经济组织成员的身份。考虑到农村集体经济组织的情况千差万别,难以在地方性法规中对成员确认条件等作出"一刀切"的规定,《条例》采取了"实体+程序"的方式,即"自农村高级农业生产合作社成立以来,在乡镇、村、组集体生产生活的人员,经农村集体经济组织民主程序确认,成为该集体经济组织成员",同时强调"成员确认应当综合户籍关系、农村土地承包关系、对农村集体资产积累的贡献等因素"。

关于成员享有的权利,《条例》规定,"农村集体经济组织成员对农村集体资产的经营管理依法享有知情权、表决权、收益权、监督权等权利。因工作、生活等原因与集体经济组织不再具有生产生活关系的,不享有表决权,但是农村集体经济组织章程另有规定的除外"。上述规定主要考虑两方面情况:一是农村集体经济组织具有"地缘性""社区性"的特点,成员权利具有一定的身份属性。当成员与集体经济组织不再具有生产生活关系时,不宜再享有表决权;而基于份额所享有的知情权、收益权和监督权不受影响。二是考虑到农业化地区和城市化地区农村集体经济组织情况各不相同,立法不宜简单划一,故允许章程可以作出不同的规定。

8. 问:《条例》如何创新农村集体经济组织机构形式?

答:《条例》确立了经济合作社这一组织形式,并作了六方面规定:一是登记主体。经济合作社经区农业主管部门登记发证后依法取得法人资格。二是组织架构。经济合作社的组织机构由成员大会、理事会、监事会组成,表决实行一人一票制;经济合作社成员较多的,可以设立成员代表会议。三是章程的主要内容。包括经济合作社的名称、住所和负责人,经营范围,成员份额限额、份额流转的条件与程序等事项。四是成员大会决定事项。包括决定经济合作社合并、分立以及因其他事由解散的实施方案,决定年度收益分配方案,决定成员的增减等。五是理事会职责。包括召集成员大会或者成员代表会议,执行成员大会或者成员代表会议的决议等。六是监事会职责。包括检查经济合作社财务,提议召开成员大会或者成员代表会议,在理事会不召集会议时自行召集会议等。同时,还对成员大会和成员代表会议的召开频次、召集方式以及出席人数、表决人数等作了规定。

9.问:《条例》如何健全农村集体资产经营管理规则?

答:《条例》作出四方面规定健全农村集体资产经营管理规则。

一是建立管理制度。规定"农村集体经济组织应当建立和完善农村集体资产经营管理、责任考核和风险控制等制度",并进一步明确其开展经营活动"应当依法签订书面合同",鼓励"进场交易",按照规定开展财务管理,进行资产评估等。

二是防范经营风险。为了避免农村集体经济组织卷入他人的经济纠纷之中,损害集体经济组织和成员的权益,规定"农村集体经济组织不得为他人的债务提供担保,但被担保人为本集体经济组织控股企业的除外"。还明确了集体资产定期清查核实制度,规定清查核实结果应当"经成员大会或者成员代表会议确认"。

三是强化信息公示。成员的知情权、监督权的行使,必须以相关信息充分披露为前提。为此,规定农村集体资产的运行情况、农村集体经济组织设立企业的资产运行情况、相关管理人员工作报酬和经济责任审计情况等,应当定期向成员公示。实践中,大部分信息已经通过农村集体"三资"管理信息平台予以公示。

四是规范收益分配。为了平衡集体与成员之间的利益关系,保持集体资产一定的体量,规定"农村集体经济组织当年的净收益应当在弥补亏损、提取公积金和公益金后,按照本条例和章程的规定进行分配",并对公积金和公益金的提取比例、用途等作了规定。

10.问:《条例》如何理顺农村集体资产监督机制?

答:《条例》主要从三方面理顺对农村集体资产经营管理的监督机制,促进农村集体经济组织健康发展。

一是内部监督。作为独立法人,农村集体经济组织应当用好、用足内部监督手段。(1)农村集体经济组织应当每年对本集体经济组织的经济活动开展审计,相关情况依法向成员公示。(2)成员有权了解本集体经济组织的经营管理情况,农村集体经济组织应当及时答复并予以解释;其中,十人以上联名询问或者涉及重要问题的,应当记录在册。(3)监事会有权"对理事、主要管理人员执行职务的行为进行监督,对违反法律法规、章程、成员大会或者成员代表会议决议的理事、主要管理人员提出罢免建议",以及"当理事、主要管理人员的行为损害经济合作社的利益时,要求理事、主要管理人员予以纠正"。(4)发现农村集体资产流失等违法行为的,可以投诉、举报。

二是行政监督。《条例》从本市实践出发,对农村集体资产监督体制作了进一步完善:(1)明确农村经营管理机构的职责。考虑到与广大农民联系最紧密的是市、区和乡镇农村经营管理机构(即农经站),而且实践中已经承担了对农村集体资产经营的日常监督,因此明确了农村经营管理机构实施监督的具体事项。主要包括农村集体资产、负债、损益和收益分配,农村集体资产评估的范围、程序和结果等。(2)明确农村经营管理机构的检查职权。包括进行现场检查,向有关单位和个人询问、调查情况等。(3)创新监督手段。一方面强化事中指导,农村集体经济组织进行收益分配,或者因合并、分立及其他事由解散时,相关方案应当分别向农村经营管理机构或者区农业主管部门报告,并接受行政指导。另一方面强调事后监督,发现问题的,可以发出风险预警、整改通知,或者采取约谈的方式,要求其予以纠正;对于有不良记录的,增加监督检查频次。

三是人大监督。《条例》规定了人大对于农村集体资产管理情况实施监督的制度,即"区和乡镇人民代表大会应当建立健全农村集体资产监督制度,加强对农村集体经济组织相关法律法规实施情况的检查"。

11. 问:《条例》如何强化对农村集体经济组织及相关人员的权益保护?

答:《条例》分四个层次对农村集体经济组织及相关人员的权益保护作出规定:

一是加强内部沟通。农村集体经济组织成员及利害关系人对成员资格、份额等有异议的,可以向农村集体经济组织提出核实申请。农村集体经济组织收到申请后,应当调查核实,并及时作出答复;发现问题的,应当予以纠正。农村经营管理机构可以根据农村集体经济组织成员及利害关系人的请求,帮助调查核实,并督促农村集体经济组织作出答复。

二是明确赔偿责任。为了进一步规范农村集体经济组织的理事、监事、主要管理人员的行为,加大监督力度,规定上述人员存在利用职权收受贿赂或者取得其他非法收入和不当利益、侵占或者挪用集体资产等情形,造成集体资产损失的,依法承担赔偿责任;属于国家工作人员的,还应当依法给予行政处分;构成犯罪的,依法追究刑事责任。

三是加强行政监督。出现违规为他人债务提供担保、未定期开展资产清查核实工作、不向有关单位报告年度收益分配方案等情形的,对直接负责的主管人员和其他直接责任人员作出行政处罚,并可以向集体经济组织提出暂停职务或者罢免的建议。

四是寻求司法救济。为了对农民维权作出指引,从民事和行政两个角度作出规定:(1)农村集体经济组织成员及利害关系人认为农村集体经济组织侵害其合法权益的,或者农村集体经济组织认为其他单位或者个人侵害其合法权益的,可以依法向人民法院提起民事诉讼。(2)农村集体经济组织及相关人员对市、区农业主管部门或者乡镇人民政府的行政行为不服的,可以依法申请行政复议或者向人民法院提起行政诉讼。

附 录 六

江苏省农村集体资产管理条例

（2018 年 5 月 31 日江苏省第十三届人民代表大会常务委员会第三次会议通过）

第一章　总则

第一条　为了规范农村集体资产管理，维护农村集体经济组织及其成员的合法权益，促进农村集体经济发展和乡村振兴，根据有关法律、行政法规，结合本省实际，制定本条例。

第二条　本省行政区域内村集体资产的管理，适用本条例。

本条例所称农村集体资产，是指村农民集体所有的资产，包括资源性资产、经营性资产和非经营性资产。

本条例所称农村集体经济组织，是指村集体成员以生产资料集体所有制为基础建立的社区性合作经济组织。

第三条　农村集体资产受法律保护，任何单位和个人不得侵害。

第四条　农村集体经济组织代表集体对依法属于本集体所有的资产行使占有、使用、收益和处分的权利，管理集体资产，开发集体资源，发展集体经济，服务集体成员。

未设立农村集体经济组织的，由村民委员会代行农村集体资产管理职能。村民委员会代行农村集体资产管理职能的，应当根据集体土地所有权归属和集体资产产权归属情况，尊重和体现集体成员意愿，保障和维护其合法权益。

农村集体经济组织接受中国共产党在农村的基层组织领导,支持和配合村民委员会工作,参与农村社区建设,为农村社区事业发展提供物质和经费支持。

第五条 县级以上地方人民政府应当加强对本行政区域内农村集体资产管理工作的领导,明确管理部门职责,建立健全监督指导制度。

乡镇人民政府应当加强对本辖区内农村集体资产管理的监督,明确相应工作机构和工作人员负责监督、指导服务和权益维护等工作。

辖有村、涉农社区的街道办事处,行使前款规定的乡镇人民政府职能。

第六条 省、设区的市、县(市、区)农村集体资产主管部门依照有关法律、法规的规定,负责本行政区域内农村集体资产管理工作的指导、协调、服务和监督。

县级以上地方人民政府相关部门依据各自职责,对农村集体资产的管理、经营给予指导、扶持和服务,并依法开展监管。

第二章 农村集体经济组织及成员

第七条 设立农村集体经济组织,在农村基层党组织领导下,可以由村民委员会成立工作组,制定设立方案,拟订章程草案,在乡镇人民政府指导监督下组织实施。

农村集体经济组织设立大会应当通过章程,并根据章程选举产生其组织机构。

农村集体经济组织名称可以为村(社区)经济合作社或者村(社区)股份经济合作社。

第八条 农村集体经济组织章程应当符合宪法、法律、法规和国家政策,不得有侵犯农村集体经济组织成员的人身权利、民主权利和合法财产权利的内容。制定以及修改通过的章程应当报乡镇人民政府备案。

章程应当载明下列事项：

（一）名称和住所；

（二）职责范围；

（三）资产情况；

（四）成员身份取得、保留、丧失的条件和程序；

（五）成员权利与义务；

（六）组织机构及其议事规则；

（七）成员大会的组成以及成员代表大会代表的产生、更换的方式；

（八）财务管理制度；

（九）收益分配制度；

（十）合并、分立、解散事宜；

（十一）章程修改程序；

（十二）公开制度；

（十三）其他有关事项。

第九条　农村集体经济组织应当按照国家有关规定，在县级农村集体资产主管部门申请注册登记，获取组织登记证书，并办理银行开户等相关手续，依法开展经营管理活动。

第十条　农村集体经济组织的组织机构由成员大会或者成员代表大会、理事会、监事会组成。

农村集体经济组织的理事会成员与监事会成员不得互相兼任，财务人员及其近亲属、理事会成员近亲属不得担任监事会成员。

第十一条　农村集体经济组织内的下列事项，应当提交成员（代表）大会讨论决定：

（一）修改章程；

（二）农村集体经济组织的合并、分立、解散；

（三）农村集体经济组织股份合作制改革方案、土地承包方案、农村集体经济组织成员确认方案；

（四）集体土地征收或者征用补偿费等资金的分配方案、留用地使用方案；

（五）经济发展规划、生产经营计划、基本建设投资计划、年度财务预决算、收益分配方案；

（六）较大数额的资金使用、出借、举债或者担保；

（七）较大数额的债权债务核销；

（八）重大的集体资产产权变更；

（九）章程规定的其他事项。

第十二条　成员（代表）大会会议每年召开一次，由理事会召集，理事长主持。经十分之一以上的成员（代表）、三分之一以上的理事或者监事会提议，应当召开成员（代表）大会临时会议。

成员大会会议有全体成员二分之一以上参加方可举行，成员代表大会会议有全体代表三分之二以上参加方可举行。

成员（代表）大会会议修改章程、决定农村集体经济组织合并、分立、解散以及表决章程规定的重大事项，应当由参加人数三分之二以上通过；表决其他事项，应当由参加人数二分之一以上通过。成员（代表）大会会议表决实行一人一票制。

第十三条　成员（代表）大会会议表决事项可以采用纸质或者手机信息、电子邮件等方式实名投票，表决结果应当向全体成员公布。

成员代表不得委托他人参加成员代表大会会议。

第十四条　理事会是农村集体经济组织的执行机构，负责召集成员（代表）大会，拟订提交成员（代表）大会讨论决定的重要事项方案，执行成员（代表）大会通过的决议，制定并执行内部管理制度，管理日常事务等工作。

理事会成员一般应当在本集体经济组织成员中选举产生。

第十五条　监事会是农村集体经济组织的监督机构,负责监督章程执行、成员(代表)大会决议执行、理事会的职责履行等,并组织开展民主理财,对农村集体资产经营管理和财务收支活动进行监督审查。

监事会成员应当在本集体经济组织成员中选举产生,其中应当有具备财务、管理知识的人员。

第十六条　已撤村建居且同时符合下列条件的农村集体经济组织,可以提交成员(代表)大会表决解散事宜:

(一)本集体经济组织所有的土地全部被征收;

(二)本集体经济组织成员全部纳入城镇居民社会保障体系;

(三)农村社区全部划入城镇建成区,基本公共服务实现城乡一体化和均等化;

(四)不能继续按照合作机制或者股份合作机制运行;

(五)债权债务清理完毕;

(六)有经成员(代表)大会通过的资产处置方案。

第十七条　农村集体经济组织成员身份确认应当按照尊重历史、兼顾现实、程序规范、资格唯一、群众认可、公开透明的原则,根据章程规定,统筹考虑户籍、农村土地承包关系、对集体积累的贡献、生产生活情况等因素,由农村集体经济组织民主讨论决定。

成员身份确认应当平等保护妇女、老年人、未成年人、残疾人和少数民族的合法权益。

第十八条　下列农村居民,一般应当确认为本集体经济组织成员:

(一)农村土地二轮承包时取得土地承包经营权,且户口一直在本集体经济组织所在村(社区)的人员;

(二)父母双方或者一方为本集体经济组织成员,且户口一直在本集体经济组织所在村(社区)的人员;

(三)因合法的婚姻、收养关系,户口迁入本集体经济组织所在村(社区)的人员;

（四）根据国家移民政策，户口迁入本集体经济组织所在村（社区）的人员；

（五）原户口在本集体经济组织所在村（社区）的现役义务兵、符合国家有关规定的士官以及高等院校、中等职业技术学校的在校学生；

（六）原户口在本集体经济组织所在村（社区）的服刑人员；

（七）法律、法规、规章和章程规定的应当确认为集体经济组织成员的其他人员。

前款规定以外的人员，符合章程规定的条件，经本集体经济组织成员（代表）大会表决通过，可以成为本集体经济组织成员。

县级人民政府可以制定县域范围内成员身份确认的指导性意见，明确成员身份确认的必要程序和标准。

第十九条 农村集体经济组织应当以农户家庭为单位编制成员名册，经公示无异议或者异议不成立的，报乡镇人民政府和县级农村集体资产主管部门备案。

农村集体经济组织应当根据农户家庭以及成员变动情况，定期对成员名册进行变更并上报备案。

第二十条 农村集体经济组织成员对农村集体资产及其经营管理依法享有知情权、表决权、收益权、监督权等权利。

农村集体经济组织成员应当遵守法律、法规、规章和章程，执行农村集体经济组织的各项决议，不得侵害农村集体经济组织和其他成员的合法权益。

有条件的地方应当运用信息化等多种手段，方便农村集体经济组织成员行使权利、履行义务。

第三章　资产权属与运营

第二十一条 下列资产属于农村集体资产：

（一）依法属于集体所有的土地和森林、山岭、荒地、滩涂、水域等资源性资产；

（二）集体所有的用于生产经营的建筑物、构筑物、设施设备、库存物品、各种货币资产、集体投资兴办的企业及其所持有的其他经济组织的资产份额、无形资产等经营性资产；

（三）集体所有的用于公共服务的教育、科技、文化、卫生、体育等方面的非经营性资产；

（四）集体所有的其他有形和无形资产。

农村集体经济组织通过接受政府拨款、减免税费和社会捐赠等途径所形成的资产，属于农村集体资产。

第二十二条　农村集体经济组织应当定期开展集体资产清产核资工作，重点清查经营性资产、未承包到户的资源性资产以及现金、债权债务等，如实登记资产存量以及变动情况，建立健全集体资产登记、保管、使用、处置等制度，实行动态管理，做到资产明晰、账实相符。

清产核资结果应当向成员公示，并经成员（代表）大会会议确认。

第二十三条　农村集体经济组织因合并、分立需要调整农村集体资产权属，或者因解散需要处置农村集体资产的，应当在县级农村集体资产主管部门的指导和监督下，制定具体的实施方案，经成员（代表）大会表决通过。

调整农村集体资产权属和处置农村集体资产，不得损害农村集体经济组织及其成员的合法权益。

第二十四条　对农村集体资产权属有争议的，由当事人协商解决；协商不成的，可以向乡镇人民政府或者县级农村集体资产主管部门申请调解。

农村集体资产权属争议涉及土地等自然资源所有权、使用权的，按照有关法律、法规执行。

第二十五条　农村集体资产实行分类管理。

对集体土地等资源性资产实行确权登记颁证，明晰集体所有权、农户土地承包经营权和宅基地使用权。

对经营性资产可以实行股份合作制改革,加强资产的管理和运营,落实本集体经济组织成员权利,实现集体资产保值增值。

对非经营性资产根据不同投资来源和有关规定,建立健全运行管护机制,提高公共服务能力。

第二十六条 农村集体经济组织应当建立和完善农村集体资产经营管理、资产保值增值、责任考核和风险控制等制度。

第二十七条 农村集体经济组织依法自主决定农村集体资产经营方式,可以对农村集体资产直接经营,也可以采取发包、出租、投资入股等方式经营。

第二十八条 农村集体资产由农村集体经济组织直接经营的,应当明确经营管理责任人的责任和经营目标,确定决策机制、监管机制和收益分配制度,并向本集体经济组织成员公开。

实行承包、租赁经营的,依法签订合同,明确资产名称、数量、用途和承包、租赁的价格、期限等,并向本集体经济组织成员公开。收取的承包费和租金归集体所有,应当及时入账核算。

农村集体经济组织对其独资、控股、参股的企业或者其他经济组织,应当通过制定、参与制定该企业或者其他经济组织章程的方式,建立权责明确的内部监督管理和风险控制制度,维护本集体经济组织及其成员的权益。

第二十九条 农村集体经济组织应当加强债权债务管理,严格控制债务规模,定期向本集体经济组织成员公开债权债务情况。

县级农村集体资产主管部门应当对农村集体经济组织的债务规模设置警戒线;乡镇人民政府应当按照警戒线标准,根据农村集体经济组织的经营管理需要和债务偿还能力,对农村集体经济组织及其成员发布预警信息,提示债务超过警戒线可能造成的风险。

农村集体经济组织及其管理人员,不得以农村集体资产为其他单位或者个人的债务提供担保。

第三十条 农村集体资产经营收益归本集体经济组织成员集体所有。

农村集体经济组织应当按照章程规定,从当年的净收益中提取一定比例的公积金、公益金后,进行收益分配。公积金主要用于农村集体经济组织发展生产、转增资本、弥补亏损等,公益金主要用于村级公共事务和公益事业。

第三十一条 农村集体资产流转交易应当进入农村产权流转交易市场。

县级以上地方人民政府应当加强农村产权流转交易市场建设,建立健全市场管理制度和交易规则,对市场运行、服务规范、中介行为、纠纷调处、收费标准等作出具体规定。支持和监督资产评估、担保、公证等中介机构参与农村产权交易服务。

第三十二条 农村产权流转交易市场应当建立健全业务受理、信息发布、交易签约、交易(合同)鉴证、档案管理等制度,确保产权交易公开、公平、规范。

第三十三条 有下列情形之一,需要确定农村集体资产价值的,应当进行评估:

(一)以入股、合资、合作等方式经营农村集体资产的;

(二)转让农村集体资产的;

(三)因农村集体经济组织合并、分立需要调整农村集体资产权属的;

(四)因农村集体经济组织解散需要处置农村集体资产的;

(五)法律、法规规定需要进行农村集体资产评估的其他情形。

第三十四条 农村集体资产评估应当委托具有资质的资产评估机构进行。对金额较小的农村集体资产评估,可以适当简化标准和程序,具体办法由县级农村集体资产主管部门制定。

农村集体资产评估结果应当向本集体经济组织成员公示,公示时间不少于十五日。

第四章　财务管理

第三十五条　农村集体经济组织应当严格执行有关财务会计制度,建立健全财务预决算、开支审批、收益分配等各项财务制度,配备具有一定业务知识和工作能力的会计人员并保持相对稳定,保障财务正常运行。

农村集体经济组织开展经济业务取得的原始凭证,应当是合法有效的票据。

第三十六条　农村集体经济组织在保证集体资产所有权、使用权、审批权、收益权不变的情况下,可以委托乡镇有关机构或者第三方机构代理会计业务。

农村集体经济组织实行会计委托代理的,应当与受托方签订书面委托合同,明确双方的权利和义务。

第三十七条　农村集体经济组织只能开设一个基本存款账户,用于办理日常转账结算和现金收付;除土地补偿费专门账户外,不得开设其他专用或者临时账户,禁止多头开户。

乡镇有关机构代理两个以上农村集体经济组织会计业务的,应当以农村集体经济组织为独立会计核算主体,分设银行账户。

第三十八条　农村集体经济组织实行财务公开制度,应当将财务、涉农补贴、涉农负担、土地征收征用补偿等信息上墙公布,并通过印发到户、召开会议、运用信息化手段等形式进行公开,接受成员监督。

农村集体经济组织应当年初公布财务收支计划,按月或者按季度公布各项收入、支出情况,年终公布经营管理、债权债务以及收益分配等情况。发生重大财务事项的,应当自重大财务事项发生之日起五日内向本集体经济组织成员公布。重大财务事项的标准由县级农村集体资产主管部门确定。

实行会计委托代理服务的,代理机构应当按照规定及时提供相应的财务公开资料,并协助农村集体经济组织进行财务公开。

农村集体经济组织成员对财务公开事项有异议的,可以自公布之日起十五日内,向监事会提出核实申请;监事会应当进行核实,自接到申请之日起三十日内将核实结果书面答复申请人并予以公布。

第三十九条 农村集体经济组织应当加强对集体资金的管理。农村集体资产的承包费和租金、出售农村集体资产回收的资金、村集体的投资收益等,应当及时入账。

第四十条 农村集体经济组织应当建立财务会计档案管理制度,保证财务会计资料的完整与真实。会计人员调整的,应当及时移交财务会计资料和财务印章。

第五章 股份合作

第四十一条 农村集体经济组织在农村双层经营体制下,可以将农村集体经营性资产折股量化到本集体经济组织成员,通过股份合作形式设立村(社区)股份经济合作社。

村(社区)股份经济合作社是集体所有、合作经营、民主管理、服务成员的农村集体经济组织。

第四十二条 农村集体经济组织开展股份合作制改革,应当制定实施方案。实施方案应当在本集体经济组织范围内进行公示,征求本集体经济组织成员意见,征求意见时间不少于十五日。

股份合作实施方案征求意见后,应当报乡镇人民政府进行合法性审查。乡镇人民政府应当在十五个工作日内完成审查工作,对不符合法律、法规规定的实施方案,应当告知农村集体经济组织进行修改,农村集体经济组织应当修改。

经审查符合规定的实施方案,交由成员(代表)大会表决。表决通过后的实施方案应当报乡镇人民政府、县级农村集体资产主管部门备案。

第四十三条 村(社区)股份经济合作社章程除载明本条例第八条所列各事项外,还应当载明股份设置及量化配置、单个农户家庭持有股份的最高比例、治理结构及制度、股份权能、股份转让办法等事项。

第四十四条 原农村集体经济组织改为村(社区)股份经济合作社的,原农村集体经济组织成员为股份经济合作社当然的成员,自然享有各项权利,承担相应义务。

第四十五条 折股量化到农村集体经济组织成员的农村集体资产股份,作为成员参与集体收益分配的依据。

农村集体资产股份可以在本集体经济组织成员之间转让,也可以由本集体经济组织赎回,但不得向本集体经济组织成员之外的人员转让。

农村集体资产股份可以依法继承。本集体经济组织成员之外的人员通过继承取得股份的,不享有表决权,但章程另有规定的除外。

第四十六条 村(社区)股份经济合作社每个农户家庭通过量化或者转让、继承等方式持有的农村集体资产股份,占本集体经济组织总股份的比例不得超过章程规定的最高比例。本条例施行前农户家庭持有股份已经超过规定比例的部分可以继续持有,但不得再增加持有的比例。法律、行政法规另有规定的,从其规定。

第四十七条 村(社区)股份经济合作社应当以农户家庭为单位,颁发集体资产股份证书。证书样式由省农村集体资产主管部门统一制定。

农村集体经济组织成员享有的股份,应当以农户家庭为单位记载。

农户家庭的股份总额一般不随户内人口增减而调整。

第四十八条 鼓励村(社区)股份经济合作社拓展生产、加工、销售、投资、信息、科技等功能,提高综合服务能力。

第六章　保障监督

第四十九条　农村集体经济组织审计工作应当依法接受县级以上农村集体资产主管部门和审计机关的业务指导和监督。

第五十条　县级农村集体资产主管部门、乡镇人民政府负责组织审计人员或者委托有资质的第三方审计机构对辖区内的农村集体经济组织进行审计。审计的主要事项应当包括：

（一）财务管理制度的执行；

（二）资产、负债、损益和收益分配；

（三）承包、租赁、转让等合同的签订和履行；

（四）集体土地征收或者征用补偿费的分配和使用；

（五）公积金、公益金等农村集体专项资金的提取和使用；

（六）重大投资和工程建设项目以及非生产性支出；

（七）农村集体经济组织负责人任期经济责任履行情况；

（八）各级财政转移支付资金的使用和发放；

（九）县级以上地方人民政府及其审计机关指定的其他审计事项。

第五十一条　农村集体经济组织应当及时整改审计发现的问题。乡镇人民政府和县级农村集体资产主管部门应当督促农村集体经济组织进行整改。

除依法不应当公开的外，农村集体经济组织应当将审计结果和审计整改情况向本集体经济组织成员公开。

第五十二条　农村集体资产主管部门应当建立农村集体资产信息化管理平台，为农村集体经济组织登记、集体资产登记、产权交易、成员信息、股份台账等管理提供服务，并对农村集体资产运营管理进行监督。

第五十三条　农村集体土地依法被征收为国有土地的，作出征收决定的人民政府除依照法律、法规规定的标准给予补偿外，有条件的地

233

方可以按照被征收土地面积的一定比例，为被征地村安排集体经济发展留用地，或者以留用地指标折算为集体经济发展资金。具体办法由设区的市人民政府制定。

前款规定的留用地或者集体经济发展资金应当用于发展农村集体经济。留用地的使用应当符合城乡规划和土地利用总体规划。

第五十四条 农村集体经济组织享受国家和省规定的税费优惠。

第五十五条 财政资金投入农村集体经济组织形成的经营性资产归农村集体经济组织所有，在股份合作制改革时可以纳入折股量化的资产范围。

财政资金项目有特殊规定的，从其规定。

第五十六条 县级以上地方人民政府应当按照统筹城乡发展的要求，加大对村级组织运转、村级公共事业以及基础设施建设与管理维护的转移支付力度。以政府投入推动的农村公共设施建设和城乡基本公共服务均等化项目，不得强制农村集体经济组织安排配套资金。

任何单位和个人不得强制农村集体经济组织捐助，不得向农村集体经济组织摊派。

第七章　法律责任

第五十七条 违反本条例规定的行为，法律、行政法规已有法律责任规定的，从其规定。

第五十八条 农村集体经济组织成员认为农村集体经济组织作出的决定侵害其合法权益的，可以依法向人民法院起诉。

第五十九条 农村集体经济组织的理事、监事、管理人员以及代行农村集体资产管理职能的村民委员会成员违反本条例规定，有下列情形之一的，由县级以上农村集体资产主管部门或者乡镇人民政府责令限期改正；造成损失的，由负有责任的人员依法承担赔偿责任；构成犯罪的，依法追究刑事责任：

（一）非法改变农村集体资产所有权的；

（二）低价处置、侵占、损害农村集体资产的；

（三）不按照规定进行资产登记、资产评估、建立财务会计及其档案管理制度的；

（四）行使经营管理职责时不依照章程或者未履行民主决策程序的；

（五）向有关部门提供的财务报告等材料中，作虚假记载或者隐瞒重要事实的；

（六）财务人员离任时，未按照规定移交财务会计资料、财务印章的；

（七）多头开户的；

（八）其他损害村集体利益的行为。

农村集体经济组织的理事、监事、管理人员有前款情形的，县级以上农村集体资产主管部门或者乡镇人民政府还可以向农村集体经济组织提出对直接责任人员暂停职务或者予以罢免的建议。

第六十条　地方各级人民政府及相关部门的工作人员在农村集体资产管理的指导监督工作中违反本条例规定，有下列情形之一的，依法给予处分；构成犯罪的，依法追究刑事责任：

（一）侵害农村集体资产；

（二）强制农村集体经济组织捐助；

（三）向农村集体经济组织摊派；

（四）滥用职权、玩忽职守、徇私舞弊的其他行为。

第八章　附则

第六十一条　村行政建制合并后，原农村集体经济组织未合并的，适用本条例。

乡镇集体资产、组集体资产的管理，参照本条例执行。

第六十二条 村民委员会代行农村集体资产管理职能的,应当遵守本条例有关农村集体资产管理的要求。法律、行政法规另有规定的,从其规定。

村民委员会改为居民委员会后,属于农村集体所有的资产的管理,依照本条例执行。

第六十三条 本条例自 2018 年 10 月 1 日起施行。

参考文献

1. Demsetz, H.: Towards a Theory of Property Rights, The American Economic Review，57(2)：347—359，1967.

2. 韩俊、张云华、张要杰：《农民不需要"以土地换市民身份"——北京市朝阳区农村集体经济产权制度改革调查》，三农中国（http://www.snzg.cn），2008 年 7 月 3 日。

3. 方志权：《农村集体资产管理的法律问题研究》，2010 年度上海市政府法制办公室研究课题。

4. 陈标金：《农村集体经济组织产权制度改革：广东的探索》，《农业经济与管理》2011 年第 2 期。

5. 方志权：《农村村级集体经济组织产权制度改革的地方实践与对策研究》，《科学发展》2011 年第 5 期。

6. 苗新建、孟全省：《农村集体经济产权制度改革的理论与实践研究》，《中国集体经济》2012 年第 13 期。

7. 方志权：《上海农村集体经济组织成员资格界定与农龄统计研究》，2012 年度上海市政府发展研究中心课题。

8. 郭光磊：《对北京农村产权制度改革的理论思考》，《农村工作通讯》2012 年第 13 期。

9. 孙雷主编：《上海农村集体经济组织产权制度改革实践》，上海财经大学出版社 2012 年版。

10. 农业部农村经济体制与经营管理司课题组:《对农村集体产权制度改革若干问题的思考》,《农业经济问题》2014 年第 4 期。

11. 赵宇霞、褚尔康:《对中国农村集体经济法律规范的思考》,《毛泽东邓小平理论研究》2014 年第 5 期。

12. 方志权:《农村集体经济组织产权制度改革若干问题》,《中国农村经济》2014 年第 7 期。

13. 江苏省农委课题组:《关于农村集体经济重大问题的研究》,2014 年 9 月。

14. 黄延信主编:《农村集体经济组织产权制度改革实践与探索》,中国农业出版社 2014 年版。

15. 方志权:《关于农村集体产权制度改革若干问题的思考》,《毛泽东邓小平理论研究》2014 年第 11 期。

16. 上海市农委:《稳妥推进产权制度改革,切实保障农民基本权益》,提交给国务院发展研究中心举办的农村集体经济组织产权制度改革研究座谈会的论文,2014 年 12 月 1 日,北京。

17. 于飞:《集体所有、共同共有、总有、合有的关系》,提交给国务院发展研究中心举办的农村集体经济组织产权制度改革研究座谈会的论文,2014 年 12 月 1 日,北京。

18. 黄延信:《发展农村集体经济的几个问题》,《中国乡村发现》2014 年 12 月。

19. 张云华:《农村三级集体所有制亟需探索》,《中国经济时报》,2015 年 3 月 17 日。

20. 叶兴庆:《准确把握农村集体产权制度改革的方法论》,《中国发展观察》,2015 年 3 月 18 日。

21. 上海市农委课题组:《关于推进上海农村集体经济组织产权制度改革研究》,上海财经大学出版社 2015 年版。

22. 韩俊:《"三农"问题与农村集体产权改革》,在农业部、中农办主办的赋予农民集体资产股份权能改革试点工作的培训班上的讲话，2015 年 5 月 27 日。

23. 张晓山：《农村集体产权制度改革的几个理论和政策问题》，《农民日报》，2015 年 6 月 20 日。

24. 上海市农委课题组：《关于农村集体经济若干重大问题的研究》，2015 年 6 月。

25. 张红宇：《关于农村集体产权制度改革的若干问题》，《农村经营管理》2015 年第 8 期。

26. 方志权：《农村集体经济若干重大问题研究》，《科学发展》2015 年第 9 期。

27. 国务院发展研究中心农村部：《集体所有制下的产权重构》，中国发展出版社 2015 年版。

28. 屈茂辉：《农村集体经济组织法人制度研究》，《政法论坛》2018 年第 2 期。

29. 韩俊英：《〈农村集体经济组织法〉的立法路径与方案设计》，《农村经营管理》2019 年第 2 期。

30. 张晓山：《关于农村集体经济组织立法的政策建议》，城乡发展一体化智库，2019 年 4 月 24 日。

后 记

近几年来,在中央农办、农业农村部的指导下,上海在推进农村集体经济组织产权制度改革方面进行了理论创新和实践探索。笔者从2010年起,先后主持了多个上海市政府发展研究中心、上海市政府法制办、上海市农业委员会的重点研究课题,先后获得了第八届、第九届上海市政府决策咨询成果一等奖和三等奖,并在报纸杂志上发表系列学术论文。2011—2012年还主持上海市科技兴农攻关重点项目,领衔农经团队在国内率先建设了上海市农村集体"三资"监管平台。2015年上半年,在市委农办、市农委主任孙雷、市农委总经济师王国忠的带领下,我们专门组成课题组,分赴兄弟省市学习考察,研究相关成果,并联合上海市有关法学专家,对农村集体经济相关法律进行了梳理,对农村集体经济中的一些重大问题形成了共识,在此基础上撰写了"关于农村集体经济若干重大问题的研究"课题报告。课题报告得到了中央农办、农业部领导的高度肯定,认为实践经验总结全面,政策建议针对性强,称赞上海农村集体产权制度改革的实践和理论创新走在全国前列,可为起草文件、完善政策、指导工作提供重要参考。2016年12月,笔者关于农村集体产权制度改革的论文获得了第七届中国农村发展改革奖(杜润生奖)。

承蒙上海人民出版社的厚爱,将农村集体产权制度改革立法选题列入了《新中国法制建设与法治推动丛书》(第一辑)的出版计划。本书将研究农村集体经济放在乡村振兴的大背景下,从理论研究、实践探索和法律制度三个层面,主要以上海、江苏、浙江、广东等地区为例,围绕深化农村产权制度改革的重大现实意义、农村集体经济组织的性质特征、农村集体经济组织产权制度改革过程中的相关问题、完善农村集体经济资产股权权能、农村集体经济可持续发展、农村集体经济组织法律规范和立法等方面的重大问题进行了阐述。本书在写法上采用夹叙夹议方式,借鉴引用了一些领导、专家、学者的最新研究成果,选用了农业农村部专题会议上相关省市汇报材料,并提出了笔者对这些重大问题的看法、意见和建议,旨在供领导决策部门和理论与实际工作者借鉴和参考。

本书的形成,凝结了各位领导的支持和同仁的协助。他们分别是:韩俊、祝卫东、王宾、陈春良、叶兴庆、张云华、张红宇、黄延信、余葵、黎阳、王刚、袁以星、孙雷、张国坤、王国忠、陈怡赟、陈云、楼建丽、张晨等领导和同事。上海人民出版社编辑为本书的出版付出了大量的心血,特此表示感谢。

深化农村集体产权制度改革,加强农村集体经济组织立法,促进新型集体经济发展是个重大课题,由于时间比较紧促,加上本人学识粗浅,书中定有不少不妥之处,敬请各位批评指正。

方志权

2019 年 5 月于上海塞纳左岸

图书在版编目(CIP)数据

农村集体产权制度创新与法治建设/方志权著.—
上海:上海人民出版社,2019
(新中国法制建设与法治推动丛书.第1辑)
ISBN 978-7-208-16076-7

Ⅰ.①农… Ⅱ.①方… Ⅲ.①农村-集体财产-产权
制度改革-研究-中国②农村-集体财产-产权制度-法
规-研究-中国 Ⅳ.①F321.32②D922.44

中国版本图书馆 CIP 数据核字(2019)第 203220 号

责任编辑 秦　堃
封面设计 孙　康

上海文化发展基金会资助项目

新中国法制建设与法治推动丛书(第一辑)
农村集体产权制度创新与法治建设
方志权 著

出　　版　上海人民出版社
　　　　　(200001　上海福建中路 193 号)
发　　行　上海人民出版社发行中心
印　　刷　常熟市新骅印刷有限公司
开　　本　720×1000　1/16
印　　张　15.5
插　　页　4
字　　数　195,000
版　　次　2020 年 5 月第 1 版
印　　次　2020 年 5 月第 1 次印刷
ISBN 978-7-208-16076-7/D·3487
定　　价　65.00 元